U0539259

王大智作品集

青演堂叢稿八輯　隨筆
青演先生如是說

王大智

萬卷樓

代序
Cogito, ergo sum

這本書,是我對這個世界的基本理解。

大學教授退休,還可以繼續教書,只是時數減少一些。因此,生活步調,完全沒有改變。本書已經完成一段時間,沒有發表,因為沒有寫序文。這種情況對於作家而言,並不特殊。懶惰,自然是最主要原因。

這本書延續我的隨筆體,即是所謂學術散論。不過,與以往有很大不同:題目很多,字數很少。這種寫法,使得該書有一點百科全書味道。其原因略述如下。

三十多年來,我的所有課程,都設討論時段。一學期兩次共四小時,學生即席發問,寫在紙條上。提的問題,不限該課程範圍,而是「人文與社會的架構性問題」。一般來講,他們的問題,我都可以回答。學術本來就有專精、廣博兩部分。到了一定階段,廣博要比專精重要的多。廣博才能觸類旁通,才能得到規律性答案。

這種方式,雖然說是即席發問,實則也是即席回答。經過三十多

年，我也養成對任何問題，可以（在腦中）立刻檢索，立刻歸納；給予簡短（大約5到10分鐘）回答。教學相長，應該就是這個意思。我喜歡教書，這一部分的挑戰，是很大原因。

在寫本書時候，我也採用了這個辦法。首先，隨意寫了大約100個題目。這些題目的提出，還是基於「人文與社會的架構性問題」原則。然後，對這些題目，逐一談論。每篇以1000字為基準。這種寫作，與我的課堂回答類似；或者更有挑戰性，因為1000字談論「人文與社會的架構性問題」，實在很有難度。這種難度，就是寫作本書的樂趣所在。

出版《史學家的望遠鏡》時，有同行說：這不是史學著作，是人類學著作。這個話，有一些道理。我在史學系與美術系教書，課程都相當理論。這種理論性的產生，源於我始終以考古學、人類學、社會學、心理學、宗教學為軸線，貫穿諸般歷史資料。這種研究與講授的方式，幾十年前，稱為科際整合（現在似乎不流行）。這種研究與講述，能夠讓我在「人文與社會的架構性問題」上，得以引證與印證。《青演先生如是說》的範圍更大，如果說它是一本哲學著作，也沒有很大問題。畢竟，它沒有人、時、地、物，純粹講人世間現象與規律。

事實上，我不喜歡用哲學這個名詞，而喜歡說思想。哲學與思想的差別，已經表達過很多次了。在西方，哲學家與思想家地位不同。一個 thinker 的地位，遠遠高於 philosopher。

引證，即是歸納類似的道理；印證，即是證明道理的普遍性。其目的，是獲致人文與社會的基本規律。歷史如果找不出規律，不過是

資料整理，不過是講故事。我寫這本書，希望告訴大家：一個歷史學者，面對各種各樣問題時候，都想了些什麼事情。

2024夏 記於青演堂北窗

目次

代序　Cogito, ergo sum ··· 1

說人性 ·· 1
說人格 ·· 3
說人類 ·· 5
說女權 ·· 7
說工作 ·· 9
說友誼 ··· 11
說心情 ··· 15
說心理 ··· 17
說文化 ··· 19
說文明 ··· 23
說文學 ··· 27
說父母 ··· 29
說兄弟 ··· 31
說平靜 ··· 35
說正義 ··· 37

說犯罪……………………………………………41

說生命……………………………………………43

說合作……………………………………………47

說同情……………………………………………51

說因果……………………………………………55

說好奇……………………………………………57

說安定……………………………………………59

說年齡……………………………………………61

說自由……………………………………………63

說自我……………………………………………67

說自私……………………………………………69

說自尊……………………………………………71

說自然……………………………………………73

說身份……………………………………………77

說身體……………………………………………79

說命運……………………………………………81

說和平……………………………………………83

說宗教……………………………………………87

說幸福……………………………………………89

說法律……………………………………………93

說知識……………………………………………95

說社會 …………………………………… 97

說金錢 …………………………………… 99

說信仰 …………………………………… 101

說幽默 …………………………………… 103

說思想 …………………………………… 105

說政治 …………………………………… 107

說科學 …………………………………… 109

說美醜 …………………………………… 111

說修行 …………………………………… 113

說哲學 …………………………………… 117

說恐懼 …………………………………… 119

說時間 …………………………………… 121

說真假 …………………………………… 123

說神話 …………………………………… 125

說迷惑 …………………………………… 129

說鬥爭 …………………………………… 131

說執著 …………………………………… 133

說婚姻 …………………………………… 137

說情緒 …………………………………… 139

說教育 …………………………………… 143

說理性 …………………………………… 145

說責任……………………………………………147

說麻醉……………………………………………149

說創造……………………………………………151

說智慧……………………………………………153

說痛苦……………………………………………157

說虛偽……………………………………………159

說象徵……………………………………………161

說進化……………………………………………165

說階級……………………………………………167

說嫉妒……………………………………………169

說想像……………………………………………171

說意志……………………………………………173

說意義……………………………………………175

說愛情……………………………………………177

說愛惡……………………………………………179

說感動……………………………………………181

說感情……………………………………………183

說溝通……………………………………………185

說煩惱……………………………………………187

說經驗……………………………………………191

說義氣……………………………………………193

說遁世 …………………………………………… 195

說遊戲 …………………………………………… 199

說道德 …………………………………………… 201

說影響 …………………………………………… 205

說數字 …………………………………………… 207

說暴力 …………………………………………… 209

說養生 …………………………………………… 211

說戰爭 …………………………………………… 213

說歷史 …………………………………………… 215

說遺憾 …………………………………………… 217

說戲劇 …………………………………………… 221

說謊言 …………………………………………… 223

說藝術 …………………………………………… 225

說願望 …………………………………………… 227

說辯論 …………………………………………… 231

說權力 …………………………………………… 233

說變化 …………………………………………… 235

說靈魂 …………………………………………… 237

說人性

　　人性，指人類的共性而非殊性。也即是大多數人的本性，而非少數人的本性。這件事，最有名的爭論，就是孟子與荀子說法。孟子認為人性是善的，荀子認為人性是惡的。最終，中國的儒家傳統，接受了孟子。《三字經》一開頭，就說「人之初，性本善」。事實上，善與惡，是人類之間的相互行為，並不能說是本性。善惡，只是念頭，在腦子裡來來去去。每個人都有善念，也都有惡念；端看最後如何取捨。因此，以前的廟宇中，常常懸掛一幅對聯。「百善孝為先，原心不原跡，原跡寒門無孝子。萬惡淫為首，原跡不論心，原心世上少完人」。這兩句話，講的就是念頭與行為的差別。然而，念頭與行為，雖然反應了人性，仍然不是人性本身。人性是深入潛意識，甚至深入基因的人類共性。

　　孟子與荀子地位，當然不及孔子。孔子對與人性，講的很超然。（或者說，有點世故）他說「性相近也，習相遠也」。他說，每個人的本性都是差不多的；之所以有賢與不肖，是後天學習所致。孔子這句話，講到了先天後天問題。先天是基因問題，後天是教育問題。孔子那麼重視教育，可見他認為，要以後天補先天。

　　人類是一種靈長類動物，是一種獸；獸自然有獸性－人類的先天，就是獸性。獸性很簡單，目的是通過求偶與覓食，得以生存。生存的方法，就是弱肉強食、趨吉避凶。弱肉強食與趨吉避凶，都是自然法則，而不是道德法則；因此沒有什麼善惡。但是在人類的社會判

斷下，弱肉強食是壞人，趨吉避凶是小人。人類與其他獸類最大區別，在於獸類遵守自然法則，人類遵守道德法則；並且認為自然法則是不對的－是惡的。這種判定善惡的方式，造成人類先天與後天發生矛盾。人類歷史，可以說是一部改造獸性的歷史。這種改造，看起來相當不成功。因為先天在基因中，後天在教育裡。

孔子說過「吾未見好德如好色者也」。好色，是先天基因問題；好德，是後天教育問題。孔子對於改造獸性的困難，也相當清楚－後天不敵先天，教育不敵基因。因此，他採取一種調和方式。他說「質勝文則野，文勝質則史。文質彬彬，然後君子」。先天重於後天則粗野，後天重於先天則虛偽；只有二者折衷，才是正道。孔子對於人性善惡，抱著妥協態度。

孔子以有理想著稱，老子以有智慧著稱。老子不認為要調和善惡，而是根本否定善惡。老子說「善之與惡，相去若何」－善與惡，有什麼差別呢。這種（混沌或者惚恍）理論，是老子的主軸精神。這種（混沌或者惚恍）理論，也讓老子思想與佛陀（不分別）思想很接近。因此，中國很快地接受佛家，中國喜歡佛老並稱。

善惡也許是念頭，但是善行與惡行，造成了所謂「五濁惡世」。佛家對於善行與惡行，認為取決於人類有智慧與否－有智慧的是菩薩，無智慧的是凡夫。因此，善行惡行是一種選擇。當然，有能力做這種選擇，是學習與思辨的結果。這一點，佛家與儒家又接近了－他們都認為後天可以改變先天，獸性可以逐步改變。所謂淑世（meliorism）大概就是這個意思吧。

說人格

人格有兩種說法，一為個人的獨立人格，一為道德的捆綁人格。前者沒有好壞，只有不同。後者有好壞－人格好壞，即為好人與壞人根本。本文著眼於前者。

人格表現於外，即是氣質。說一個人「沒人格」「沒氣質」，是道德批判的說法。事實上。每個人都有人格與氣質；只是不同，而不是沒有。

一句俗話，叫做「江山易改，本性難移」。人格與本性有差異；本性多來於先天生物性；人格，多來於後天習慣性。孔子說「性相近，習相遠」，就是此意。人格，與環境的養成有關。（其中有很多模仿成分）換句話說，人格是可以塑造的。如果人格不能塑造，則教育沒有任何意義。一個完全沒有受過教育的人，表現出來的是「獸格」，而不是「人格」。

世界各地偶有出現的狼孩，（wolf child 或者 feral child）可以證明所謂人格，與教育－特別是幼年教育，關係密切。

一般而言，人格不穩定的人，被稱為「兩面人」。其實，人格轉換，是極為普遍的適應行為。最簡單例子：人類在職場與家庭中，人格表現絕對不同，那是因為角色不同所造成。（君臣之道，絕對與父子之道不同）人格與角色，互為表裏。在職場與家庭中，角色不同，人格便配合著轉換。人格不能轉換的人，不能扮演好適當角色。人格

轉換，是成熟的世間法。

這種正常的人格轉換，由於角色不同而形成；當事人全然自知。如果當事人不自知，甚至不記得人格轉換，那就是非常的病態人格轉換；稱之為人格分裂。正常的人格轉換，是一種「可控制的人格分裂」；雖是笑話，卻與事實相距不遠。

這種「可控制的人格分裂」，明顯地發生在演員身上。演員是研究人格轉換的好對象。每一次表演，演員因為角色扮演不同，而進入不同的人格轉換－或者說人格模仿。如果這種模仿成功，則令觀眾以為該人格，為演員自身具有，而受到感動。但是，演員如果無法將模仿人格，調整回自身人格－稱為「入戲」太深，不能「出戲」。可能導致演員長久（或永久）的精神疾病。演員是玩弄角色與人格的專家，演員是一種有危險性的職業。

戲劇的初始，與宗教有關。原始宗教的巫師，與演員無異。巫師最有說服力的行為，即是神明附體，又稱為降神。降神，即是人格轉換，即是人格模仿－即是「可控制的人格分裂」，即是表演。如果巫師對於這種人格轉換不能控制，就叫做走火入魔。

佛學，是高級心理學：人類展現的各種人格（角色）轉換，稱為「相」。（所謂「凡所有相，皆是虛妄」）停止人格轉換，停止角色扮演，稱為「空」。（所謂「諸法空相」）「空」是沒有人格與角色束縛的狀態。在這種狀態中，可以得見真實的「我」。

佛學，是了解人格的好門徑。

說人類

　　人類，是一種高等靈長類動物。紅毛猩猩、大猩猩、黑猩猩，與人類基因相似度，各是百分之97、百分之98、百分之99。人類乃動物，乃高級猿猴，完全沒有問題。

　　人類沒有皮毛與爪牙，是很差勁的動物；不過人類有靈巧的手和聰明的腦。百多萬年以前，人類看見石頭裂開，發現了輕重厚薄，發現了不同用處。輕而薄的那一塊，做成石刀，可以切割；厚重的那一塊，做成石斧，可以砍砸。這種觀察與分別，是石破天驚的能力。至今各種猩猩，仍然無法做到。石刀與石斧，讓人類有了人工的爪牙。

　　人類有了工具後，繼而發現火的功能與力量。所有動物都怕火，獨有人類不怕，也是奇怪的事情。遠古時期，人類手舉火把，嚇阻野獸的場面，應該發生頻繁。火的掌握，讓人類有了一項獨特武器。

　　人類是會扔東西的猿：雙眼在一平面上，肩膀是球狀關節，特別擅於測距與投擲。發明（如棒球般的）石球後，人類有了專業的投擲武器，可以遠距離造成傷害。其他動物，漸漸不是對手。無論後來的弓箭、投石器，槍砲、還是飛彈，都是投擲概念的延伸。時至今日，火（爆炸）與投擲，仍是人類武器的主流。

　　大約一兩萬年前，人類開始畜牧與農耕。畜牧與農耕，絕對不只是豢養與種植問題。因為畜牧與農耕中的品種改良技術，人類開始製

造新生物，人類開始改變其他生物的演化方向。只要為人類盯上的生物，都朝著人類的需要而演化。如今，人類周遭的生物，多半是人類製造的新生物。它們既不是上帝創造的，也不是物競天擇下產生的。它們都是人工生物。達爾文理論，有局限性。

隨著畜牧與農耕，人類的特殊群居社會形成。所謂特殊群居，是自然界沒有的群居方式。自然界群居動物，多以家庭為單位。人類社會，則由部落、村莊、城市、國家，形成多家庭的極大規模群居。這種擁擠的群居方式，導致男性荷爾蒙激烈衝突。男性荷爾蒙，原是求偶與覓食之所必須，原是鬥爭之所必須。如今這麼多人群居一起，相互鬥爭，實屬必然。

螞蟻與蜜蜂，雖是大規模群居，卻是以家庭少數成員為領導。其他成員，連性別都已退化，缺乏鬥爭性。

人類的鬥爭（包括戰爭）是沒有辦法解決的。人類的大部分社會問題，都與不自然群居方式有關，都與男性荷爾蒙衝突有關。（女性也有男性荷爾蒙）這個問題，將隨著人類發展，永續下去。人類的奇異社會已經形成，不能退回原始。

人類是地球上的萬物之靈，因為畜牧與農耕，統御並改變其他生物的形態樣貌；君臨天下，儼然造物者的（地球）代言人。然而，人類也遭到天譴，那就是群居造成的畸形社會；讓人類之間彼此鬥爭，永無寧日。

人類，是地球上的一個異數，宇宙中的一個麻煩。

說女權

　　權力，就是誰說了算。動物界，特別是群體動物，權力的出現很自然。基本上，由解決需求者掌權。群體動物的領袖，多是力氣大、體能強的雄性；牠們在食物獲取及安全維護上，扮演決定性角色。力氣大、體能強，就是暴力。

　　人類的情況也是如此。舊石器時代，居住在山洞中的人類，白天看見一隻小豬經過；誰去捕捉呢，當然是力氣大、體能強的男性去捕捉。食物是一種大需求。居住在山洞中的人類，晚上看見一隻野狼經過；誰去驅趕呢，當然是力氣大、體能強的男性去驅趕。安全也是一種大需求。男性的暴力，滿足這兩種需求，因而有權。

　　這個小豬與野狼理論，說明群體的基本需求，在於食物與安全－在於獲得食物與避免成為食物－也就是吃與不被吃。舊石器時代，是父權社會。這種權力，出於男性的（無可奈何）客觀生理條件。畢竟在野獸環伺之下，負責吃與不被吃問題，有相當危險性。

　　到了新石器時代，人類聚落（村落）出現。那時候的食物提供，泰半來自於農牧，過程的危險性（暴力性）大大降低，女性開始從事農牧勞力生產。食物獲得一旦部分（或大部分）出於女性之手，權力結構亦隨之發生變化。部分聚落（村落）出現母權社會，女性權力顯然提高。

然而，食物（吃的問題）女性可以解決，安全（不被吃的問題）女性不能處理。新石器時代的安全問題，主要來自於其他人類。聚落（村落）之間的掠奪－無論抵抗掠奪，或者參與掠奪，都需要男性的暴力從事。因此，新石器時代的母權社會，很快就消失了，父權社會又恢復了。父權社會，在歷史上維持了很長時間。

　　吃的問題，就是經濟問題。經濟與安全，孰為重要，是一個自然選擇。部分農牧地區，至今仍維持母權社會。那些地區必然紛擾較少，男性的鬥爭特色不被重視。

　　暴力，是權力的本質，是經濟與安全的基石。人與動物，都是一樣。但是，這個規律，在人類的近現代社會（文藝復興後）有了改變。

　　如今，因為教育興起，經濟模式已經不同以往。受過教育的人，可以在分工精細的社會中謀得職業，獲得金錢。男性女性的受教權相同，男性女性的經濟，便各自獨立了。至此，女性可以由知識來解決經濟問題。男性的暴力特色，就淡化了。

　　如今，因為科學興起，安全模式已經不同以往。戰爭全面科技化後，衝鋒陷陣被淘汰，代之而起的是「按鈕戰爭」；按下按鈕，武器自己啟動，殺人於千里之外。男性女性（男兵女兵）只要有知識，按下按鈕，結果完全一樣。至此，女性可以由知識來解決安全問題。男性的暴力特色，也就淡化了。

　　現在社會，是男女相對平權社會。這樣的權力結構，源於知識與暴力的消長；知識逐漸代替暴力，成為權力的來源。

說工作

工作，是人類的特徵，不是動物的特徵。

對於動物而言，牠們的基本生活，圍繞著食與色。也就是說，動物生存目的性很強。短時間沒有食物，個體就要消失。長時間不交配，團體就要消失。因此，動物的日常生活，受著基因指導。牠們並不知道為什麼活著，只知道每天必需要做一些事情；否則身體就不舒服－肚子飢餓或者情緒煩躁。這種必須做的，延續生命的事情，與人類工作認知有差別。

人類早期生活，與動物無異。人類開始工作，源於社會形態變遷：跟生活的複雜化有關，更跟社會的分工有關。分工是人類的特化行為，自新石器時代開始最為明顯。分工就是在社會中，個人負責部分所需，不負責全部所需。不負責全部所需，便不能獲得全部所需；所以，必須彼此交換。人類工作的基本原因，便是通過交換，獲得完整生活所需。（螞蟻蜜蜂等，有分工行為的動物，也必須工作；必須各司其職，以為交換）

工作目的是交換，以獲得完整所需；也就是以物質交換為主，也就是以「食」之問題為主。（古人稱工作為「謀食」）只是人類文化深厚，把這個食字包裝又包裝。包裝到最後，所有的交換，都可以金錢代替。金錢（及其代表的物質）就是人類工作的最大動機和目的。

人類體能壽命有限，到了一定時間，便不能再工作，叫做退休。退休前，必須把金錢儲存足夠，否則影響未來生活。退休，是尚在工作者的前瞻問題。

但是，人類是高級的猴子。猴子這部分，讓人類工作以「謀食」為主。高級那部分，讓有些人工作，並不是為了金錢、物質與交換；而是為了理想與表現。這種現象，在學術與藝術行業中，所在多有。這些人，把工作視為呈現自我的方法。他們通過工作，創造出屬於自己的科學、藝術作品。這些作品，帶給他們的精神成就感，遠遠大於金錢和物質的快樂。因此，學術與藝術的工作者，總給人窮困的感覺。（這個感覺，並不一定正確）因為他們的工作時間與金錢獲得，不成比例。

古代有句話，叫做「內聖外王」。這句話看似很有儒家意味，實則出自於《莊子》。內聖外王，即是人生的追求向外與向內。向外，則是名利金錢；向內，則是精神成就。從工作的性質而言，重視金錢獲得的工作，都是外王的工作；重視精神成就的工作，都是內聖的工作。

為謀食而工作者眾，為成就而工作者寡。綜觀人類的文明文化，看似多由極具功勳的外王人物建立。實際上，文明文化的出現，多由重視、執著精神成就的內聖者，默默累積建立。

工作，是人類的特徵，不是動物的特徵。或者，人之所以為人，就在於人類之中，有少數重視精神的內聖工作者罷。

說友誼

　　人與人之間，最容易出現友情的時間，是孩童時期。孩童容易產生友誼，是因為他們有共同的興趣－玩樂；孩童的主要活動，就是玩樂。換句話說，所有的孩童，喜好相當一致；因此，不相識的孩童，在遊樂場上也可以相互嬉戲，形成短暫友誼。興趣，是形成友誼的一大因素。

　　除去兒童外，學生之間，也容易形成友誼。那是因為他們長時間共處。我們不能說學生有共同的興趣－讀書。因為大部分的學生，並不喜歡讀書。學生容易形成友誼的原因，不是共同興趣，而是長時共處。共處，也是形成友誼的一大因素。

　　孩童與學生的友誼，可以維繫長久。多年後見面，仍然能夠打成一片。那是因為兒童與學生單純，在他們交往的時候，多不參雜利害關係。沒有厲害關係的友誼，可以維持長久。

　　利害關係，是友情的最大絆腳石，是友情不得維繫的關鍵。成人世界中，不乏興趣相同者。同樣的，成人世界中，也不乏共處一室機會。但是，利害關係這件事，可以令共同興趣者、共處一室處者反目成仇。所謂同行相忌，就是這個意思；它使得興趣與共處兩種友情成因，因為競爭產生嫉妒心理，遭到了破壞。把應該成為朋友的人，變成敵人。

因此，成人世界中，講純粹的友誼很困難。一般而言，成人間的友誼可以分為三種：知心朋友，利害朋友，酒肉朋友。知心朋友（一如孩童與學生般）難能可貴。一生有知心（知己）二三人，已屬不易。利害朋友則是事業上的朋友，相互利用，爾虞我詐。這種朋友人數眾多，但是不能交心，因為彼此都是潛在的敵人。酒肉朋友，則是成人世界中的一種高級交友境界。一則不必知心，二則不談利害；只是大家在一起，圖個眼前痛快。有人輕視酒肉朋友，殊不知那種朋友也是難得。酒肉朋友多，是人生閱歷上的一種智慧選擇。

客觀條件（興趣與共處）與友誼之間，並不具有必然性。兒童與學生，不一定都能建立友誼。成人因為興趣與共處，也不能說一定相嫉。朋友的產生，都是兩個人（或者幾個人小團體）之間的事。這裡面就要說到友誼的主觀條件－共鳴。共鳴是一種物理現象，然而人與人之間，也會產生心理共鳴。基本上，那種共鳴與荷爾蒙變化有關。友誼是一種情緒活動。（長時間不變的情緒，稱為感情）

共鳴，這種看似純然的心理活動，背後有生理學原因。對於一種人物產生歡喜心，（例如表演者、政治家，情人或者朋友）都是因為我們面對該人物時，身體出現了正向的荷爾蒙活動。這種活動，就是動心，就是有好感，就是共鳴。沒有這種內心的波動，情緒（感情）不會出現；友誼也不會出現。不少人有共同興趣，長時間處在一起，但是形同陌路，就是這個原因；彼此在心理上與生理上，沒有反應，不共鳴。

友情的產生，是一種荷爾蒙變化。因此，它可以在沒有共同興趣

或共處的情況下，偶然發生。那種情況，異性間稱為一見鍾情，同性間稱為一見如故。這種不具備客觀條件而產生共鳴的純主觀現象，有一些神秘。在佛教的解釋下，就是累世的因緣。事實上，它還是一種荷爾蒙（甚至費洛蒙）活動。它應該與人類潛意識中的極度需求與渴望有關。

友情既然是一種情緒（感情）活動，它就有時間上的階段性。荷爾蒙不可能長久啟動，情緒不可能長時維持。除了情緒深化為感情的友誼之外，一般友誼出現階段性，也是很平常的事情。

說心情

　　心情是人類最神秘的事情；一個人如果成功，但是心情不好，一切努力白費。一個人如果不成功，但是心情好，仍舊活得很自在。佛教說「離苦得樂」，講的就是心情問題；並且認為，心情好的人，做國王或者做乞丐，都一樣幸福。心情好的人，自己舒服，也讓周圍的人舒服；他的人生、命運，都會相對平順。

　　然而，做國王或者做乞丐，畢竟是個譬喻。內在主觀心情的好壞，還是與外在客觀環境有關。心情的好壞，多半與慾望有關。慾望滿足，就心情好；慾望不滿足，就心情不好。因此，東方的思想家，希望人類可以減少慾望。老子說「少慾寡私」，指的也是心情調適。少與寡，都是不多。（而不是沒有）慾望少，就可以減少心情的起伏。

　　心情起伏，是可以量化的指數。心情時常在好壞指數間迴盪，那種情況讓人不舒服。那種心情上的升降，佛教稱為六道輪迴：「天、人、阿修羅、畜生、鬼、地獄」。部分佛學家認為，六道輪迴是死亡以後發生的事情，那是玄學說法。六道輪迴的科學解釋，就是心情流轉而已。每個人無時無刻，都在心情的流轉之中，而造成或多或少起伏。（把六種心情，以六種事物代替，是佛學的文學性表現）佛法的功能，就是從認知上做起，（比如說不分別、不計較）減少心情落差，降低落差造成的不舒服。

心情流轉，是一種正常的現象。因為人類腦子複雜，不停想事，不得停止。然而，有比心情流轉更為不適的事，就是心情滯留。以佛法來講，就是心情停滯在「畜生、鬼、地獄」（三惡道）中不能離開。長時間的心情焦躁與低落，不是正常現象，而是一種疾病。這種生病的現象，就不是心理問題，而是生理問題了。這種疾病，不是聽聞佛法（磨礪修養）可以解決，要從另一個角度談論。

　　人類的神經，有一部分叫做自主神經；它與植物的神經系統類似，又叫做植物神經。自主神經，可以分為交感神經與副交感神經。前者讓人的情緒昂揚，後者讓人情緒平穩。前者是植物應對白天（陽）的神經，後者是植物應對黑夜（陰）的神經。這種植物性的神經，不由人類意志控制。當它們平衡運作時，情緒（身心）就在正常狀態。（中醫說的陰陽調和，就是這件事）交感神經極度運作，心情就興奮以至焦躁；副交感神經極度運作，心情就低下以至憂鬱。這種生理現象，未必與慾望有關。它可以由很多原因造成，也可以通過藥物、運動與打坐（練氣）調整。

　　人類的心情，是一個不停升降的指數。當它處於極高指數（焦躁）與極低指數（憂鬱）的時候，要把它視為生理問題，而非心理問題。心情是人類最神秘的事情，它與身心二者都有關係。把情緒控制，單純看作一種修養，並不完全正確。

說心理

　　心這個字，傳統中國少用。先秦諸子，多談行為模式與社會模式；至於更深一層的心，相對不重視。比較有名的，是孟子說「求其放心」。（把丟失的心找回來）其他諸子，多愛談性。心與性有差別，性比較固定不變，心比較鬆動易變。

　　談心最多的，自然是佛家。佛家的整個修行體系，不過圍繞著一個心字罷了。佛家在中國能夠立足，與道家的出世精神暗暗相合。沒有什麼人注意，佛家的修行目地，與孟子的那句「求其放心」，大致相同。

　　科學家說，存在決定意識；也就是物質決定精神。（量子物理，有不同的看法）但是，一旦精神部分形成（被決定）後，它會反過來主導物質。例如，一個沒有精神（心）的人，稱為六神無主。就像一台電腦，只有硬體沒有軟體，或者軟體錯亂一樣。

　　心就是心理狀態。動物有這種狀態嗎，牠們應該有簡單的心理。牠們的心理，主要放在趨吉避凶與求偶覓食上面。可以說，這種狀態由基因指導。動物或者也有個別的心理差異，這種差異，對人類來講，不是非常明顯。

　　人類是萬物之靈，除了有靈活的雙手外，身體條件大大不如動

物。不過人類有發達的腦子。通過腦子運作，人類心理，千奇百怪。有先天上的不同，也有通過教育與社會經驗，造成的後天不同。

一個好的（健康）心理狀態是什麼呢。傳統上，總是以道德、宗教、法律為審視方法。事實上，道德、宗教、法律，都是特定社會的特定產物。不同時間，標準不同；不同空間，標準也不同。在不同道德、宗教、法律下，一個古代心理健康的人，未必是現代心理健康的人；一個歐洲心理健康的人，未必是亞洲心理健康的人。所以，心理健康，應該是：在特定社會中，可以維持正常行為的狀態。

話雖如此，古今中外，難道沒有共同的心理健康標準嗎。其實是有的：那就是樂觀正面。樂觀正面的人，在任何特定社會中，都維持正常行為。

就生物學而言，任何生物（包括人類）樂觀正面，是最大的善。唯有在這種心理狀態中，才能進行求偶覓食，與其他諸般行為。任何生物（包括人類）悲觀負面，是最大的惡。因為，生命將因為這種狀態，趨於結束。近代西方，出現了心理學，一般人去看心理醫生，沒有請教高深心理學問的。去看心理醫生者，都是發現自己悲觀負面，影響了正常生活，而企圖以談話或藥物，恢復健康，恢復樂觀正面的狀態。很多人喜歡佛教，研究各種複雜的學理與儀式；卻忘記了佛教的基本目的－離苦得樂。樂，就是樂觀正面。

對科學、生物學、心理學、思想、宗教來說，什麼是健康心理，想法並無二致。人類的快樂，來自於心理狀態，不來自於物質條件。

說文化

在中文裡，文明與文化差一個字。很多人弄不清楚差別在哪裡，即便是學術界，也有不同說法；甚至有人認為，沒有什麼差別。事實上，在英文裡，文化稱為 culture，文明稱為 civilization；是完全不同的字，有完全不同的意義。

文化與文明相較，比較柔性。文化與生活方式有關。文化，是人類約定俗成的活動模式。這種模式，使得人類的社會活動，有較為一致的準則。

文化，都有一些約束性；這些約束性，有時候經過包裝，而不易看見。這些約束性，動物世界中，基本沒有。說一個人沒文化，是說其人沒有教養，不像一個人，像一個動物。（中文裡，不文稱為質，質就是野蠻）文化是因應群居社會，設計出來的生活方式。文化的項目繁多，舉其要者如下：

第一，道德。道德是文化的重要指標。沒有道德，常被視為沒有文化。道德可以衍生為很多人際關係。目的是讓大家和平相處。沒有道德的社會，沒有是非善惡，衝突不斷。

第二，宗教。宗教由道德發展而來，認為人間是非善惡，由神明判斷。不遵守道德，會受到神明懲罰。宗教令人產生恐懼，不敢輕易

為非作歹。世界上沒有宗教的文化，幾乎不存在。

共產主義是無神論，但是並不否定宗教，而是否定神明之科學客觀性。例如俄國的東正教流行，中國的佛、道、民間信仰流行等。（馬克思說「宗教是人民的鴉片」，實有無奈意思）

第三，法律。法律在文化中最硬性；它和政治、軍事、經濟關係密切。沒有法律，政治、軍事、經濟無從運作，人類社會解體。人類需要設定法律，它是文化的最後步數。道德與宗教無效時候，必然訴諸法律。

第四，藝術。藝術在文化中最軟性；它的存在，是通過心靈舒暢，讓社會和諧安樂。道德、宗教、法律，都有教條的意味。藝術則影響人類於無形，不著痕跡。

動物沒有道德、宗教、法律、藝術；人類，沒有這些文化難以生存。人類社會龐大紛亂：文化的基本目的，是通過統一的生活方式，讓社會較有凝聚力，不至人人各行其是，猶如散沙。

文化的意義如上，可是，世界上卻沒有統一的文化。各個地區，都有不同文化。有一句話叫「文化衝擊」culture shock，說明不同文化的人，很難接受彼此。所謂「非我族類，其心必異」就是這種形容。

人類的戰爭，多是由經濟原因引起，不過在「師出有名」的要求下，常常包裝為文化指控－好人與壞人。這種彼此的看不順眼，其實

就是看不順眼他人的文化。文化,是一種相互攻擊的好藉口。

　　人類學家認為,文化只有不同,沒有高下,這種觀念,只存在於少數學者的心裡。佛家認為,無論什麼人,都可以佛性相待,無有差別。這種觀念,只存在於高明的修行者心裡。

說文明

在中文裡，文明與文化差一個字。很多人弄不清楚差別在哪裡，即便是學術界，也有不同說法；甚至有人認為，沒有什麼差別。事實上，在英文裡，文化稱為 culture，文明稱為 civilization；是完全不同的字，有完全不同的意義。

如果，文化的出現，是尋找適合的生活方式；文明的出現，便是對自然現象的好奇心。人類是高級靈長類，特色為腦與手的特化。腦子好，可以想像抽象事物；手靈巧，可以把想像化為現實。

抽象這件事，似乎不易理解。事實上，抽象和暗示（implication）關係密切：看起來不是什麼，但是表達了什麼。人類所能掌握的最抽象事情，就是數學。數學只有符號，但是表達（暗示）了整個世界。

文明，源於人類的抽象思考能力，通過數學，建構了科學。文明可以說，即是人類的科學成就。它的層次高於文化。文明，和人類的智商有密切關係。

人類的文明（科學成就）最早始於石器製作。一塊石頭，擊打成為兩半；大的可以砍砸，小的可以切割。人類開始製作工具，就擁有了斧頭與刀具。這是人類手腦合作下的最初成果。

人類文明的再進步，是知道用火。（所有動物皆怕火，而人類敢於接近並利用之，也是奇怪）被動用火和主動生火，不是一件事。人類主動生火，是對於化學的最早認知。自此以後，人與動物的區別，日益明顯。

人類文明的大躍升，在於能夠投擲。無論早期的石球，或者後期的矛與弓箭，都是對物理學的基本理解。這種理解與能力，讓人類成為萬物之靈，其他動物無法與之相抗衡。（動物的爪牙，只能造成接觸性傷害；人類懂得投擲後，可以在一段距離外，造成傷害）

基本上，文明的深度發展，與物理學、化學、數學息息相關。物理與化學，是了解世界運作的兩種方式，數學則是其符號敘述。數學的出現，讓人類對自然法則運作，有了準確的描繪。這種描繪－以抽象符號描繪具象世界的本領，是高級文明的基礎。數學與文明的關聯，不言而喻。

無論石器、用火與投擲，都和武器相關。那是因為，人類脫離動物世界獲得今日地位，的確是靠武力爭奪而來。當人類大規模群居，不再需要與動物作殊死戰後，文明的發展方向，應該有了新趨勢：造福人類。

近一些講，以醫學，防災（地震、颱風、旱澇等）最為重要。遠一些講，以探索宇宙，為人類這個物種尋找下一階段的生存可能，最為重要。

然而，不再與動物鬥爭後，文明仍然優先用於武器製造，同類間的自相殘殺。此外，人類的過度好奇，也是大問題：現今的 AI 的製

造，是以機器代替人身後，開始以機器代替人腦。文明在創造人類幸福之先，自相殘殺與過度好奇，會不會毀掉人類，是個很嚴肅的問題。

說文學

藝術有很多項目。大致上可以分為美術、音樂、戲劇、舞蹈。其中美術與音樂最為單純，美術是視覺藝術，音樂是聽覺藝術。舞蹈是視覺、聽覺與故事的綜合。戲劇也是視覺、聽覺與故事的綜合；只是故事佔據更為主導地位。這裏的故事，就是文學。文學，就是講故事。因此，在藝術項目中，戲劇與文學的關係最近。所有的文本，都能夠以戲劇方式展演；所有的戲劇，都有一個文本在後面。

文學是一種藝術項目嗎。當然是，但是它沒有前述的視覺、聽覺問題；文學在腦中形成意象。它的感受方式，比其他藝術複雜得多；只有感受力強的人，能夠理解文學，享受文學。因此，它不如其他藝術普遍。在大學中，文學不屬於藝術學院，而屬於文學院。文學、史學、哲學，常常統稱為文史哲。

文學，可以粗略分為寫心情、寫實境兩種，前者以詩詞為代表，後者以小說為代表。前者描寫作家的自我情緒，後者描寫作家的周遭環境。當然，這只是原則性的分類。大部分文學，都是二者混雜在一起的，只是有所偏重。

對多數人而言，文學是一種娛樂。對文學家而言，它是表達感情與思想的工具。常人沒有這種工具（或者能力）不能把腦子裡的東西釋放出來。從這一點看來，文學家比一般人幸福。

無論寫心情、寫實境，文學都是主觀的表現。文學很難說客觀。古人說「文史不分」。這句話為一些人詬病，認為史學是追求客觀事實的，怎麼可以加入主觀描寫。事實上，所有的優秀歷史作品，都有很強的文學性。文學是優美精緻的文字，沒有文學性的史學（哲學）作品，給人艱澀而難以卒讀的感覺。更進一步說，誰又能真正客觀呢。人類的文字紀錄，多少都有主觀色彩。

　　藝術不是真實的，至少與真實很有距離。藝術是虛擬的，它只是作者對於內在、外在感受的虛擬創作。文學家如同其他藝術家，製作了一個虛擬情境，讓欣賞者感同身受。虛擬的東西，有實際價值嗎。這是非常弔詭的問題。舉例說：《三國演義》與《水滸傳》都是虛擬的故事，它們所描述的人物與事件，多出於作者想像。《三國演義》與《水滸傳》，對中國文化影響極大。《三國演義》講的是上層社會（官）的諸般狀況。《水滸傳》講的是下層社會（民）的諸般狀況。它們虛擬了真實事件，但是，它們闡明了真實道理。如果能夠從虛擬中受益，真實或者虛擬，又何必計較呢。

　　諾貝爾獎，獎勵對社會有貢獻的人物。關於人文科學，只有文學獎，而沒有史學獎或哲學獎。史學家紀錄客觀的真實，哲學家建構主觀的真實，文學家創造虛擬的真實。結果，諾貝爾獎給了虛擬的創造者，給了講故事的人。

說父母

　　上古時代,是一個「穴居野處,茹毛飲血」時代,是一個「只知其母,不知其父」時代。那個時代,人類與動物無異。那個時代,父母是一種血緣關係,不是一種人倫關係。

　　人類進入新石器時代,漸漸有了自己社會型態,婚姻制度出現。婚姻制有分配意味,目的是限制荷爾蒙的氾濫;基本上,一夫一妻。婚姻制中,因為婚配而產生的後代,夫妻有共同養育責任。父母的定義出現,父母相對於子女;父母子女非但是血緣關係,也是倫理關係。

　　倫理關係,就是道德關係。父母應該對子女慈愛,子女應該對父母孝順。這種關係,可以維繫一個家庭的和諧。家庭是社會的基本單位,家庭和諧,進而可以促進社會和諧。道德是後天設定,而非先天註定。

　　《老子》對於父母子女的先天、後天關係,講的最透徹。他說「六親不和,有孝慈」。六親不合,是先天的生物法則;慈與孝,是後天的道德規範;不合是因,是天性;孝慈是果,是解決不合的辦法。

　　除去道德影響,父母對子女的慈愛,也受基因控制。子女在未成長發育良好之前,若是父母不照顧養育,則子女難以成長;繁衍後代的使命,就沒有完成。就生物學言,父母慈愛子女,是一個維護個人

基因的動作。獸類對子女的慈愛時間有限，很容易看出這個動作。人類也是如此，但是人類因為道德約束，生物目的即便消失，也強迫自己繼續慈愛。似乎不如此，便是不道德。這個情況，以東方為甚。

至於說，子女對父母的孝順，那就不是基因問題了。在動物界，子女對父母的孝順，可說難得一見。因為就演化而言，父母子女關係，就是傳遞基因。基因只有利己動機，沒有利他動機。（父母慈愛子女，顯有利己動機）因此，子女要對父母盡孝道，是一種人文教化，是一種文化現象。在古代，若是不孝，非但不道德，還被視為犯罪。這個情況，也以東方為甚。

不同文化，有不同文化現象。例如：英文裡就根本沒有孝之一字，勉強拼了兩個字 Filial piety，代表這種東方文化。相信多數外國人，根本不知道這個詞彙。法律基本上認定18歲為成年。18歲以後的個體，在法律上，與家庭的責任關係切斷。西方人多半18歲以後，就離開家庭，自謀生活。東西文化不同，由此又可見一端。

父母子女間的慈愛與孝順，是人為設立的道德。道德不容易維繫人倫關係，因為它很容易淪為教條，使人反感。父母子女之間的關係，在於感情而不在於道德。（家庭中有眾多子女者，最容易明白這個道理）關係的好與不好，由感情決定，而非由倫理決定。指責父母不慈，子女不孝，不如研究一下家庭中的感情狀況。家庭是一個小社會；社會上沒有應該不應該的問題，只有彼此的互動問題。

人類社會的互動，感情重於道德。在父母子女的關係上，尤其顯著。

說兄弟

　　兄弟有兩種，一種是血親兄弟，一種是結拜兄弟。血親兄弟是同父母所生，一般而言，幼年時期吃住在一起；彼此關係比較親密。事實上，兄弟關係也未必親密。孿生肘腋，兄弟鬩牆，在社會上極其普遍。

　　血親兄弟，被視為一種倫理關係。然而這種關係，並不必然，而是基於需要。人類自農牧業開始（約一萬年前）需要大量人口共同生產，形成眾多家庭聚集的村落。個人之間關係，日趨複雜，因而產生倫理，（法律之前身）用以維繫人際關係。這種強加於人的社會約束，並不合於人類本性。因此，老子說「六親不合，有慈孝」。（六親是指：父母、兄弟、夫婦）不合，是自然本性；慈孝，是社會規範。二者，有因果上的先後次序。所謂「兄友弟恭」，實由彼此間的感情成分決定，而不由生物性格決定。
　　反觀動物世界，群居動物的雄性個體，成長後多半被逐出群體，各自謀生。血緣之間的親密，維持不長久。彼此都是生活戰場上鬥爭對手。這種情況，才是生物間的自然實相。

　　血親兄弟，都要靠感情維繫，不能靠倫理維繫，何況是家庭以外的人呢。可是，人類有時候會越過血親，而在非血親中尋找兄弟。那種兄弟，叫做「把兄弟」；也就是通過結拜，彼此以兄弟相稱。「把兄弟」之間的關係，可以非常濃烈，超過親兄弟－但是又絕非同性戀。

（homosexual）它的出現，不是雄性間尋找愛情，而是雄性間尋找領袖。

「把兄弟」間的維繫，更是出於感情。所謂「肝膽相照」「兩肋插刀」，都是這種感情的極致表現。這種感情，在男性之間，稱為義氣。義氣是一種很難以形容的事情，所謂「義不容辭」；因為義氣，「把兄弟」可以作出非常不理性的行為。（義氣，在英文裡，勉強可以翻譯為忠誠 loyalty。但是又不完全類似）

人類交往，多半以「情理法」三個字作為基礎。講理－合於道理，是最常見的人際標準。如果彼此之間的關係，進入一種不合常理的狀態，一般人就會仔細考慮，以致退卻。講理是人際關係的基本常態。然而，少部分人的標準，是以法為依據。那種關係，就有些冷冰冰。也就是說，合理但是不合法的情況，會讓他們立刻關上往來大門。這種人看似冷酷，其實膽量小，最會保護自己。

也有少部分人（例如「把兄弟」）的來往標準，既不講法，也不講理，而是專門講情。那種關係，是熱烘烘的關係。他們可以為了私人感情，違背理法。那種關係，就叫做講義氣。所謂「義薄雲天」「義氣千秋」，都是對這種態度的高度讚揚。因為這種熱情後面，需要很大的膽量支撐；他們會為了感情犧牲自己。他們對於感情的價值，做了一種幾近戲劇的表現。

「把兄弟」間的那種情份，所以受到羨慕與歌頌，是因為它非常稀少。那種超過親兄弟的相愛，並不合於生物法則。因為，它完全擺

脫了利字引誘。利，就是個人好處。一個人放棄個人好處，謀求他人好處，非常不容易。

孟子說「人之所以異於禽獸者，幾希」。義氣，或者就是那幾希的表現罷。

說平靜

平靜,是一個活動的問題。沒有活動,則平靜;有活動,則不平靜。在人類的有限觀察中,自然多半是平靜的,除了氣、水、以及地質活動外。大部分時間,自然(地球)都看似很平靜。事實上,自然並不平靜,只是它的活動比較緩慢。天文學家都知道,宇宙長時間裡的暴烈活動,難以想像。因此,平靜又是一個相對的問題;緩慢,是造成平靜形象(或者說假相)的重要因素。

就生物而言,植物是相對平靜−甚至安靜的。它們好像平靜的生長,平靜的死亡。其實,植物彼此爭奪陽光、空氣、水的動作,一生中從未停止。只是因為緩慢,而造成平靜的形象。

動物顯然不平靜。覓食、求偶都有極不平靜的活動。其中,群居動物比獨居動物,更不平靜一些;牠們還要應付群體中的各種衝突。不過,動物總是比人類享受平靜。在活動時間以外,牠們多半在睡覺,或者閒逛。牠們只有生理上的活動,少有精神上的活動。人類身為一種動物,是最不平靜的物種;其原因,就是人類的精神活動−透過眼、耳、鼻、身等接收器官,在腦子裡形成不停止的電流串聯。通俗的講,叫做心的活動。(這個說法很籠統,因為在器官上,心和腦很有差距)

這種電流串聯,有正面的,也有負面的。無論正面負面,都是不

平靜。不平靜的心之活動，很累人。對於這種心之活動，有人認為減少人際互動是個辦法。例如出家、出世或者獨居隱居。有人認為用更大的刺激，麻痺這個不停止的心，是一個辦法。例如菸酒、毒品，以及各種成癮的嗜好。前者或者釜底抽薪，但是也失去活著的意義。後者更是揚湯止沸，造成更大的不平靜。

從自然或者生物角度來看，不平靜是生命力的表現。無論生理心理的不平靜，都是一種活物而非死物的特徵。對於不平靜這件事，應該淡然視之。也即是說，不平靜是必然的；我們不平靜，表示我們還活著。

中國有陰陽的說法，認為萬物都具有陰陽的（兩元的）結構性。心之活動，也離不開二元－平靜與不平靜，兩者同時存在，皆屬正常。對於不平靜這件事，只有通過各種方法調節，與之共處；而不是消滅它。認為人類可以做到完全平靜，是一種無謂的想像。人類如果完全平靜，表示腦子壞了；特別是腦子的邊緣系統（limbic system）壞了。

階段性的平靜與不平靜，是人生常態。希望通過宗教、哲學或者藥物，一次性達到永恆的平靜，是緣木求魚的想法。平靜的時間多，不平靜的時間少，已經是一個完美人生了。《易經》上說，「一陰一陽之謂道」。陰與陽相互推移，相輔相成－平衡是宇宙間的硬道理。這個硬道理，可以解釋很多事情，也可以解決很多事情。對於平靜與不平靜這件事，也是如此。

說正義

　　正義與義氣，都有一個義字，但是沒有什麼關係。義氣是一種極端的感情－為了感情，而犧牲自己，保護他人。在沒有義氣的人看來，有義氣和意氣用事沒有什麼差別。

　　但是，正義是很理性的事情。正義與公平有關，它不講感情，而講法理；基本上，正義是一個法律問題。從這一點看來，正義與義氣有相反意思；然而，大部分人都以為它們很接近。以為有義氣，就是維護正義

　　世界上，法律機構多以天秤為標識。因為古羅馬的正義女神（也是司法女神）朱斯提提亞 Justitia 就是手持天秤。天秤代表公平公正，兩邊不能多一分或者少一分。因此，所謂的主持正義，就是 get even，中文叫做扯平。扯平就是正義，法律就是衡量如何扯平，如何在天秤上左右持平。

　　法律真能代表正義，伸張正義嗎。法律講究證據，證據不足，不能作出公平裁定。更不論，在其過程中，有多少人謀不臧的可能。自古以來，朱斯提提亞的形象，都是一位拿著天秤的蒙眼女士。這是表示，她不受外界影響的追求正義，還是有什麼其他暗示呢。

　　社會上有一些人不尋求法律正義，而自己私下去 get even。不過，人類社會，正義與否，還是要由法律機構裁定。私人主持正義，不被

允許，並且涉及犯罪。

人與人之間的法律正義，比較容易理解。國與國之間的政治正義，則完全不是這麼一回事。國家與國家間，是純然的利害關係。強凌弱、眾暴寡是正常規律，講道德、講正義是非常手段－所謂手段，就是一種權宜，一種謀略。國家之間的鬥爭，最怕缺乏理由，也就是「師出無名」；沒有人肯「師出無名」，沒有人肯被貼上壞人標籤。在爭相做好人的情況下，正義是最好藉口。也即是說，我對你錯；我鬥爭你是合理的。（古話叫做「合於天意」）在這裡，正義離開了法理，而變成了一種道德。

這種我對你錯的正義，不是法律正義，而是政治正義；對於政治人物而言，正義是可以隨時豎起、隨時撤換的道德旗幟。它可以在社會上號召群眾，也可以在國際間號召盟友。中國古代改朝換代時候，總喜歡說興起「義師」－附和於我，便是政治正確；否則，便入討伐之列。在政治上，正義是一種道德武器。

法律正義，有公平不確定性。政治正義，有謀略搧動性。事實上，很多人類的理想，本來都是形上學術語。被政治人物利用後，就成了虛無縹緲的口號。當這些口號提出的時候，就是準備鬥爭的時候。例如：現代的為正義而戰，為自由而戰；古代的為祖先而戰，為上帝而戰。革命家羅蘭夫人，死前說「自由啊，自由，多少罪惡假汝之名而行」。自由二字，換成正義（或者各種虛無口號）同樣非常貼切。

人類總是迷惑（迷失）在所創造的文明文化中。宇宙沒有正義，生物界沒有正義。朱斯提提亞，為什麼拿布蒙著眼睛呢。是不想面對這個世界，還是不想面對自己呢。

說犯罪

　　犯罪，是人類的文化共識。動物沒有犯罪，動物只有鬥爭，鬥爭中有贏有輸，但是沒有對錯。犯罪觀念，是由對錯而來。在人類社會中，犯罪表示錯誤；表示那種錯誤，是其他人不能接受的。犯罪，是公平觀念的延伸。公平，也是一種文化共識。

　　動物的鬥爭，基本以體力（暴力）決定。如果一定要說對錯，強大就是對的，弱小就是錯的。這種對錯，是生命法則；但是這種法則不適用於人類，因為人類是大規模群居動物，彼此之間有複雜的利害關係。如果毫無限制的鬥爭，社會就要解體。

　　犯罪，或者沒有犯罪，是社會規範。人類因為社會關係複雜，規範的存在，有其必要。社會規範可以約略分為道德、法律與宗教。道德規範最為鬆懈，遵守與否，自己決定。在哲學家的理想社會中，大家應該出於自發的遵守道德；不過這樣的社會，始終難以完全實現。不守道德，並不能稱為犯罪。

　　犯罪與法律（罪與罰）為一體兩面。法律有強制性罰則，能夠界定各種犯罪定義。犯罪，可以說就是違反法律。法律的罰則很多樣性，從金錢的剝奪，自由的剝奪，以至於生命的剝奪。在各種剝奪的損失下，一般人遵守法律，不願意犯罪。剝奪，是一種暴力。社會上合法的暴力，來自於政府。如果政府不能擁有暴力，則法律沒有處罰

能力，人民無懼於犯罪；而如動物一般的赤裸鬥爭。所謂社會解體，就是這個意思。

犯罪弔詭的地方，在於它並沒有普世標準。在 A 時空下犯罪，在 B 時空下未必犯罪；反之亦然。更為弔詭的是：犯罪之所以沒有普世標準，竟然常常與稅收有關。最顯著的例子，就是賭博、娼妓與毒品－有些地方合法，有些地方非法。政府能夠收稅者，不視為犯罪；政府不能收稅者，視為犯罪。

宗教也講犯罪問題。基督教有原罪（Original Sin）說法。這種說法，強調人生來即有罪，人類（這種被創造品）本身即有罪。宗教對於人的罪，沒有強制罰則，而是要人懺悔。懺悔便是承認自己是錯的，懺悔很容易跟後悔混雜不清。一個人如果始終在懺悔的狀態中，也就是始終在負面的情緒中。原罪的觀念，不是一個正面的觀念。在社會功能上，它也許可以讓人民謙卑、恭順，但是也有很大的副作用。一個人沒有在道德上虧欠，沒有在法律上違背，卻要頂著（與自己無關的）罪人身分去贖罪，是極為奇特的文化現象。

> 佛家喜歡講業，也相當類似。（karma）業有好有壞，那是由前世帶來的福報或者罪孽。如果有惡業，就要修行去免除之。

宗教的犯罪觀，與世俗的犯罪觀，完全不同。世俗的犯罪觀，是人類社會存在所必須。宗教的犯罪觀，則有極端教化人民的動機；這裡面，很有政教合一的味道。

說生命

　　生命是宇宙的奇觀。宇宙運作，基本是物理現象；而生命，是一種化學現象。生命的產生，就是物理世界中，出現了複雜情況下的（微妙）化學變化。近百年來，生物學與化學越走越近；可以看出生命起源的端倪。

　　談生命，不能離開化學。（所以有「人體是化學工廠」說法）生命的啟始，源於化學變化。生命的終了，也源於化學變化。生命可以經由繁殖，使物種延續；但是，就每一個生命個體而言，生命有週期，有結束的一天。這是生命的限制，生命的一大憾事。人類對於生命（永生）的探索，大概可以分為宗教的、科學的兩個方向。

　　宗教的出現，跟憂心生命無常有關。但是，根據常人經驗，所有生命都會結束，沒有例外。即便宗教也不能否認這個事實；對於生命結束，佛教說「四大分解」，基督教說「塵歸塵，土歸土」。因此，宗教提出靈魂說；認為生命可以分為肉體與靈魂兩部分，靈魂可以離開肉體而存在。

　　基督教的說法，以為靈魂離開肉體後，因為現世表現，上天堂或下地獄。上天堂或下地獄，雖然看似極為不同，實則有一共相：那就是都代表了靈魂永存。只要靈魂永存，生命就沒有真正結束。這種講法，相當程度地，緩和了人類對生命無常的恐懼。

佛教的說法，以為靈魂不但可以脫離肉體；靈魂還可以輪迴－也就是有前生與後世，不斷的反覆輪轉。（靈魂在現世之前，還是靈魂；在現世之後，還是靈魂）這種講法，認為靈魂如同物質一般，可以恆久存在。這種講法，當然更緩和了人類對生命無常的恐懼。

　　宗教的永生說法，只是假設與推論，缺乏科學依據。同時，靈魂（沒有肉體的生命）是不是一個生命，也很值得推敲。因為，那種狀態，缺乏生命的最大特質－化學變化。宗教對靈魂的敘述，似乎是，一個非生物的生命。

　　如今科學席捲一切的情況下，科學家也開始談論永生問題。有人喜歡以量子力學解釋靈魂。認為永生的靈魂，是以波或者震動形式存在。這種靈魂的科學解釋，把生命從化學範疇，推向物理範疇去了。甚至，把需要驗證的科學，推向純粹推論的哲學去了。比較現實的科學永生，有以下兩個辦法。

　　第一，通過基因工程（genetic engineering）中的基因編碼方式，修改基因，讓肉體減緩老化，壽命增長。這個辦法在未來，應該是人類勇於嘗試的方法。基因編碼，是長生之道的「金手指」。這種可行的永生辦法，或將創造出新人種。

　　第二，讓人類與機器結合。人工智慧（artificial intelligence）的突飛猛進，令人類考慮與機器結合的可能。只要人類的記憶完整，將記憶輸入機器，生命在某種意義上，也將永生。這種怪異的永生辦法，或將創造出新物種。

生命本是自然的,人類把它弄的不大自然了。

說合作

　　合作,就是互相幫助。每一個生命,都是獨立的個體;要相互幫助,必須要有動因;合作的動因,就是利益。

　　動物界的群居動物,特別是肉食性動物,有合作獵食現象。而合作捕獲的獵物,由大家分食。偶爾,生物學家觀察到異種生物間的合作。那種溝通與默契,很是神奇。無論如何,動物間的合作,集中在覓食上;是為利益而合作。

　　人類是一種極為脆弱的靈長類,既無皮毛,也無爪牙。人類間的合作關係,顯然比動物密切。因為,落單的人類,根本不能在大自然中存活。

　　當人類高度組織化、社會化以後,合作的目的,不再是對付其他動物,而是對付其他人類。合作既然以利益為主,當利益分配不均時候,矛盾便出現了。然而,人類社會的合作行為,可以得到一些保障,那就是法律。文明社會中,合約(contract)是合作的法律基礎,違反合約的行為,經過訴訟,會受到一定懲罰。法律,是人類得以合作的基石。法律的存在,是合作能夠運行的原因。如果沒有法律,人類的合作,只能藉助道德上的信賴。(或者宗教上的獎懲玄想)

合作，以雙贏共利為理想。但是人類善於計較，要求絕對公平。（動物顯然沒有那麼計較，多吃一口，少吃一口，不是問題）這種情況下，合作需要智慧；然而，這種智慧並不普遍。多少人能理解「吃虧便是佔便宜」的真諦呢。事實上，只有不計多寡的長時間獲利，才是最後贏家。

個人如此，國家也是如此。因為計較，也因為利害變化，長久合作，在國際上比較少見。所謂「久合必分，久分必合」，就是說明長久合作的不易。「沒有永久朋友，也沒有永久敵人，只有永久利益」，是國際合作的常態。唯有具備大智慧的領導者，才能通過合作，獲得國家大利。長久合作，是為了長久獲利。「一竿子買賣」是商家大忌；也是個人處世與國家發展大忌。

人類（包括很多群居動物）合作的基本單位，就是家庭。一個家庭中，配偶如果不能合作，時時計較、處處計較，不可能維持下去。最後，因為分手，而造成雙輸局面。中國有「修身、齊家、治國、平天下」古訓。認為要有平和不計較的智慧，才能家庭和諧；維繫配偶長久合作。家庭和諧的人，在社會上（無論建立事業，還是治國、平天下）也一樣能與人合作，獲得長久大利。

中國有社會合作的理論與方法，認為家庭是合作的訓練場所。兩個人都不能合作，談什麼與眾人合作呢。「二人同心，其利斷金」，就是這個道理。「家和萬事興」，就是這個道理。近代家庭倫理解體，是對這種訓練的嚴重破壞。

合作的目的是利益,特別是雙贏共利。真正能夠做到的人,並不多。因為有合作智慧的人,並不多。

說同情

　　同情，被視為美德。有同情心的人，多半歸類為善良的人。不過，善良又是什麼呢。善良，是來來去去的念頭。人類有時候善良，有時候不善良。像孟子與荀子那樣，認為人性本善，或者人性本惡，都是沒有切實觀察人類行為的，極端說法。

　　心理學上，同情是共振（resonance）作用。共振本是科學術語，（兩個振動頻率相同物體，一個發生振動，引起另一個振動）但是在人類文化上，共振現象也相當普遍；一般稱為感動。同情，就是一種情緒共振，一種感動。
　　以為同情等於哀傷情緒，是狹隘的認知。同這個字，僅僅是相同而已－此情緒同於彼情緒，謂之同情。情緒共振，可以是任何情緒（喜怒哀樂等）的共振。

　　同情是共振（感動）的一種；因此，它有施方與受方－感動者與被感動者；或者說，操控者與被操控者。同情這種共振，有其技術與模式；凡是有技術與模式的文化行為，中國古人稱之為「術」。
　　中國古代，類似同情的語彙叫做「移情」－移動別人的情緒。「移情」顯然有「術」的成分。

　　同情可以是個人的，也可以是集體的。集體同情（集體共振）是不可忽視的力量。社會上，最懂同情之術者，莫過於舞台演員與政治

人物。舞台演員與政治人物的「術」，並沒有什麼差別。只是他們的對象與作用不同。前者對象是看戲觀眾，後者對象是社會大眾。前者作用是純然藝術活動，後者作用是集體力量運用。只要能夠同情（共振），舞台演員與觀眾便打成一片；政治人物與社會大眾便打成一片。理念的導引、群眾的調動，常常因為同情二字，而出現。

這樣看來，同情是有風險的。同情的確有風險，因為它是情緒運作，而非理智判斷。情緒用事時候，哪裡可以分辨是非；情緒用事時候，哪裡能夠正確選擇。容易產生同情（感動，共振）的人，與其說是善良的，不如說是情緒化的。同情是一種美德嗎，值得商榷。同情，常常在人類文化中被操作。

有一個與同情類似的詞，叫做同理。同理，是站在對方立場想事情。這種心態，需要理性支撐－做出有利對方的事情時，常常勉強了自己。

同情與同理的英文，各自是 sympathy 與 empathy。這兩個英文的解釋有重疊性，遠遠不如同情與同理，涇渭分明。

佛家的核心思想，是智慧與慈悲。（wisdom and charity）很多人以為佛家的慈悲，等於同情。事實上，佛家修行的目的，就是排除情緒干擾，怎麼會輕易與人同情呢。佛家的慈悲，不是感性的共振，而是（智慧觀照下）理性的善行。慈悲是同理，而不是同情。

同理的出發點，不是感動，而是公平。以自我為中心的人，可能也會同情，但是，不會同理。佛家的慈悲（同理）是眾生平等觀念的延伸。佛家的修行者，是第一等的理性之人，而不是隨意拋下同情之

淚的人。

　　同情，會讓世界越來越混亂。同理，會讓世界越來越和諧。

說因果

因果有三種：科學因果，生命因果，道德因果。

因果即是因果律，也就是邏輯上的前因後果，也就是 cause and effect。在科學上而言，因果很嚴格。它不能僅僅是演繹推論，必須實證。透過歸納法而實證；例如：二氫一氧等於水。這個實證需要反覆實驗，在任何情況下，二氫一氧都會成為水－二氫一氧必然成為水。二氫一氧的組合是因，水是果。必然，是因果律最重要的條件。因與果之間，沒有必然，就不能說有因果關係。

科學的因果，是一種物質間的因果。這種因果放在生命上，就不一定了。凡是有生命的東西，觀察不出必然因果。因此，與生命相關的科學，都不能算是嚴格科學。例如醫學：某種藥物治療某種疾病；對大多數人有效，對少數人無效。就不能說，藥物與療效間有因果律。只能說在比例上，大約有療效。因果律沒有比例，沒有大約，只有必然。生命的因果，不是科學的因果。

人類是一種生命，人生也不能以因果視之。相同的事，發生在不同人身上，有不同結果。例如：一個學生為求好成績，努力讀書，種下了因。但是考試當天睡過頭，沒參加考試，沒有得到好果。努力讀書，去參加考試，路上遇到交通事故，沒進入考場，也沒有得到好果。努力讀書，路上順利，進入考場肚子疼，送入醫院，還是沒有得

到好果。努力讀書是因,都沒有好成績是果;因為這個因與果之間,有太多的變數 variables 了。因果律中,最好沒有變數;何況變數太多,根本無法計算,那麼因果就不能成立。

佛家是專門講生命的學術。對於因果,基本上不承認。《金剛經》說「一切有為法,如夢幻泡影,如露亦如電,應作如是觀」。因為變數太多,故一律看作不實。那個變數,古話叫做緣。因為緣,導致因果關係不定。佛家並不講因果,而是講因緣果。因緣果,就是因、果與其間的變數。《金剛經》又說「凡所有相,皆是虛妄」,非但視因果為虛妄,連緣也視為虛妄。佛家看破一切相對的東西。因果是一個大相對。看破因果,人就舒服了。

以人類而言,如果看不破因果的無常─因果是變來變去的,而以為因果是固定的;那就要落入精神約束中。其精神約束,莫大於道德因果。道德因果之犖犖大者,就是「善有善報,惡有惡報」。這句話,顯然在歷史、人生中都不是真理。並且,善惡的標準;什麼是善,什麼是惡,根本說不清楚。如果「善有善報,惡有惡報」這個道德因果是真實(不虛妄)的,就不會有「人善為人欺,馬善為人騎」的說法。善惡,也是一個大分別,大相對。它是道德因果與佛家說法的基本歧異。

因果是必然的事情,而人生卻處處充斥偶然。這是科學因果與生命因果的不同。道德因果,則把科學因果與生命因果看成一回事。對人類的桎梏,也就由此而來。

說好奇

　　動物小時候，常會露出好奇姿態，歪著頭，惹人喜愛。這種好奇，顯然是對周遭世界的不理解。隨著年齡漸長，這種好奇表現，越來越少。因為牠們已經明白生存知識，懂得趨吉避凶；也知道過度好奇，會引起問題。所謂，好奇害死貓 Curiosity killed the cat，此之謂也。

　　實際上，動物的好奇有限，成熟的動物，不再對與食色無關的事物，產生興趣。人類經過高度的社會進化，食色基本問題，大致可以解決。因此，人類社會最大特徵之一，是有很多閒暇時間。各種文明文化，都是在不忙於食色的情況下，創造出來。各種發明發現的第一步，就是好奇。能夠持續好奇，是人類得以進步的原動力。

　　關於好奇導致進步，孔子有一個側面說法。他說「十有五而志於學」；學習，是他的一生追求。孔子講過不少學習的事情。例如：「學而不厭」，「好學近於智」，「有顏回者好學」等等。可以說，好學是孔子偉大的根源。因為學習，才能成長。

　　那麼，孔子為什麼這麼好學呢，因為他好奇。好學和好奇，根本是一回事。一個人不好奇，是不肯好學的。對事情不感興趣，為什麼要學習呢。即便強迫學習，也不可能學的好。好奇與好學，是一個因果關係：好奇是動機，好學滿足好奇。孔子終身好學，由於他終身好

奇。所有的偉大學者（無論自然或社會科學）都有這種特質。許多人認為，成功是出於堅持。事實上，能夠堅持的，不是意志，而是好奇。意志的堅持，是痛苦的；好奇的堅持，是快樂的。孔子那句有名的話，「知之者不如好之者，好之者不如樂之者」，不就是說明這個情況嗎。如何快樂學習，除了好奇，還有什麼呢。

好奇，是生命力的表現。人類年紀大了，常常對什麼事都沒有興趣。也就是：對這個世界不再好奇。好奇是一種動力，感覺還有一些事未完成，需要探索或者學習。法國哲學家笛卡爾說，「我思故我在」Cogito, ergo sum。他可以不斷思考，因為他不斷好奇。

好奇的結果，即是了解與改變－因好奇而了解，因了解而改變。換句話說，好奇可以導致事物的解釋與解決。前面說，好奇是人類進步的原動力，就是這個意思。

個人好奇，不如眾人好奇力量大。眾人好奇，是由於社會的鼓勵使然。文藝復興後，宗教逐漸式微，導致西方社會的好奇大爆發。這種好奇，表現在科學、藝術、政治、經濟等等方面。今日西方的強大，可以說，即是這個好奇大爆發的成果。好奇需要鼓勵，也需要獎勵。當社會鼓勵、獎勵好奇，並且給予現實回報時候，所謂社會好奇大爆發，便會出現。

好奇，就是問為什麼。一個不會問為什麼的心靈，是停滯的；一個不會問為什麼的社會，也是停滯的。

說安定

安定，似乎接近安靜，卻也不完全同義。因為，靜的對立是動；有規律的動，也可以稱為安定。不安定，是指沒有規律的動－也就是躁動。安定和躁動，是反義詞。

就生物而言，植物相當安定。因為，它們多固半定在地表。其實，植物也不是不動，只是緩慢而規律的動。（基於趨光、趨地、趨水幾個定律）因為緩慢，植物不會躁動。

相對於植物，動物非常不安定。動物和植物的最大不同，就是能夠移動。移動，是為了更有效的（主動）求偶、覓食。由於移動，動物會接觸與之爭奪（配偶與食物）的同類，而產生躁動。這些躁動，由基因所主導，也可以稱為生命躁動。它是動物維持生存之所必須。當爭奪結束後，動物便回復安定。

人類乃動物之一種；然而，人類是最躁動的動物。其主因，源於人類的不合理群居。人類的不合理群居，約產生於一萬年前新石器時代。動物群居，多以家庭為單位（一群即一家庭）並限制雄性數量。（雄性成長後，便被驅逐）人類群居，是匯集眾多家庭（部落、城鎮、國家）的不合理群居。這種群居，導致大量雄性密集一處。雄性荷爾蒙集體爆發，衝突不斷，沒有止息。這種情況，動物群體中，基本不存在。

雄性荷爾蒙，也就是求偶與覓食（性慾與暴力）荷爾蒙。動物的有限躁動，在於合理的控制雄性荷爾蒙。人類的無限躁動，在於無法控制雄性荷爾蒙－因為群居的不合理。它不是基因設定問題，而是人為制度問題。

社會形態的不合理，必然形成不安定。長久以來，人類在文明上，普遍發展了幾種方法，以為補救。第一，發明道德，希望透過自律，讓人類安定下來。第二，發明藝術。希望透過愉悅，讓人類安定下來。第三，發明宗教，希望透過敬畏，讓人類安定下來。第四，發明法律，希望透過處罰，讓人類安定下來。

這四種方法，是調節人類不合理社會的普世機制。長時間以來，它們在安定人類的功能上，差強人意。然而，文藝復興後，歐洲的現代思維，對這些機制，造成破壞。1個人主義破壞了道德：道德在集體主義中才有意義。個人至上者，不再要求自律。2商業主義破壞了藝術：商業控制藝術方向，販賣廉價刺激，不再撫慰人心。3科學主義破壞了宗教：沒有對於未知的敬畏，人類自然膽大妄為。

如今，處理人類雄性荷爾蒙的四個機制，只剩下法律尚能維持。宗教、道德與藝術，是柔性教化－柔性教化，有助人格提升；（孔子稱為「有恥且格」）法律，是剛性約束－剛性約束，使人機巧應付。（孔子稱為「民免而無恥」）

不安定，即是心的不安定。心的不安定，可以靠法律約束麼？歐洲的現代思維，引領人類走到可議的十字路口。

說年齡

　　年齡是時間的計算單位；說的更詳細,是物質的時間計算單位。因此,除了人類,動物、植物,礦物甚至宇宙,都有年齡。

　　任何物質,都隨著時間變化。無論人類,動物、植物,礦物甚至宇宙。年齡是計算時間的單位,也是計算變化的單位。所有的物質,都跟著它(年月日時分秒)發生變化。這個變化有一種起承轉合的規律性－由弱而強,由強而弱,以致消亡。任何物質,經由年齡計算,都是一個走向消亡的過程。

　　人類社會中,有各種的階級。例如權力、金錢、知識等等,都會形成階級。事實上,有一種階級不為人注意,那就是年齡的階級。人類幼小的時候,因為身體不強健又不能謀生,所以是一種弱勢階級。他們要受到成年人的保護；那種保護常常以管束的形式出現。因此,幼年者的自我,不得發揮。當人類成年以後,身體強健又可以謀生；主客觀條件的優越,使之成為強勢階級。這是人類最可以發揮自我的年齡。然而,根據年齡或者時間規律,任何物質都有由盛而衰的宿命。當人類老了以後,身體不強健又不能謀生,又回歸到一種弱勢階級。他們也需要成年人保護,甚至約束。古人認為老人與小孩類似,稱為「老小」。其實老人與小孩處於相同階級；弱勢的階級。他們也是不得發揮自我的一群。

可是人類是一種高級靈長類，人類的最大特色，就是會累積知識經驗形成文化文明。所以，傳統社會中，又普遍有一種尊敬老人的傾向。目的是希望老人可以把知識經驗傳承下來。這是一種高瞻遠矚的集體主義思維。「家有一老，如有一寶」就是這種想法。重視年齡大者的歷練，有助於文化文明的發展。這是老人的「剩餘價值」，也是一種重大貢獻。老人可以有這種「剩餘價值」，則可以基本上維繫社會階級。

越是個人主義，拜金主義的社會，越不重視老人，老人越弱勢。那種社會中，重視金錢，重視謀生能力的有無。長時間看來，這種社會的文化文明也不容易累積。這種社會的「年齡」，不可能維繫長久。

人類的年齡，外在的表現在社會階級上；內在的表現在荷爾蒙變化上。人類經過兩次荷爾蒙變化－青春期與更年期。這兩次變化，讓人體成長與衰弱。人類不肯變老，與不肯長大，都是一樣的不理智。人類的長大與變老，在生物學與物理學上，都是一種規律性的必然。一些年輕人或者老人的過度不適與不安，都只是這兩次荷爾蒙變化的失調。唯物的看待年齡變化，是一種聰明的選擇。

年齡是社會階級，也是最為微妙的階級。因為權力、金錢、知識形成的階級，可能終身難以跨越。但是年齡階級，基本上是人人都必經的流動階級。階級的轉換，就是生命的轉換。從這種轉換上，最容易看出宇宙的奧義。

說自由

自由，是近代一個高唱入雲的口號，很少人去理解自由的本質。

自由，可以說是物理學名詞，指的是一個物體，在空間中任意往來活動。事實上，這是一個假設性名詞。因為力的關係，所有的物體，彼此之間都受到牽制。大物體，牽引著小物體；小物體，圍繞著大物體。例如月亮圍著地球轉，地球圍著太陽轉。所謂真正自由，在宇宙中是不存在的。

在動物世界中，獨居動物（例如虎、豹、熊）多半有領域觀念，牠們在地盤中自由活動，而少離開地盤；因為自己地盤外，是其他動物地盤；是其他動物自由活動的區域。因此，牠們也沒有真正自由。西方人所謂的 born free，認為可以像野生動物一樣自由，是一種想像。

至於群居動物，則比獨居動物更不自由。因為牠們營團體生活；團體中有嚴格的階級存在，階級低的動物，要服從階級高的動物。這種處處受限制（例如進食與交配）的不自由，已經超過物理活動不自由，而是精神活動不自由。奇妙的是，這種精神不自由，還是服膺物理不自由規則：小的圍著大的轉，大的控制小的。只是動物世界，這種不自由不固定。隨著領袖老去、死亡，新的領袖出現；新領袖如同老領袖一般，享受著團體中的最大自由。（其實宇宙星辰也有這種變

化，時間極為緩慢而已）所以，動物世界中爭自由，即是力的爭奪。有了力，便在程度上，更為自由。雖然，這種自由不長久，有時間性。

人類是一種群居動物，其社會比動物複雜得多，權力結構也複雜得多。同時，人類因為不合理的群居（眾多雄性聚在一處）方式，雄性荷爾蒙衝突不斷。為了維繫社會存在，人類創造了很多工具，限制其社會成員自由。例如道德、宗教、法律。道德、宗教、法律，就是圖騰制度（totemism）禁忌（taboo）的古為今用。沒有這些限制自由的工具，社會就解體了。

雖然有各種工具限制自由，人類還是希望：在社會中，享有更多自由。其辦法，與群居動物如出一轍；向社會金字塔頂端攀爬。因為，動物世界中爭自由，即是力的爭奪。有了力，便在程度上，更為自由。人類世界的你爭我奪，常常以自由為口號，不過是實行力的爭奪罷了－這是世俗自由的真相。這種由力而產生的自由，也可以稱為物理性自由。人類、動物、宇宙，沒有什麼不同。

然而，人類終究不同於動物。動物獲得了物理性自由，就滿足了。人類卻不如此。一個有力的國王，並不快樂；一個無力的乞丐，每日唱著歌；要怎麼解釋呢。人類因為大腦發達，需要精神活動。精神自由重於物理自由；精神自由非常主觀，由個人自己判斷。這種判斷，佛家稱為「三界唯心造」。人類活著舒服，並不在於物理（客觀）自由，而在於精神（主觀）自由。精神自由，便是不為煩惱所困。這種自由的獲得，來源於一種東方思想－放下物理自由（力的爭

奪）體會精神自由。畢竟，人生目的不是追求虛幻自由，而是真實快樂。

　　人類是不自由的，宇宙是不自由的。追求客觀自由，是愚人。追求主觀自由，是智者。

說自我

　　傳統的東方修行，最神秘部分（或者說核心部分）是氣、心、我三個字。現今的科學知識下，前二者，漸漸卸下了面紗。

　　氣，指看不見的流動變化。（例如氣象、天氣、運氣、氣勢）就人身來講，氣有經呼吸的後天氣（空氣）與經觀想的先天氣。（意念）這兩種氣，都是身體內的流動變化。先天氣，為自律神經控制。後天氣，為修行者意念控制。

　　心，古代指思維器官，現代指循環器官－身體管思維的顯然是腦，不是心。修行者講心，其實是講腦，特別是腦中的情緒。因此，有修心、無心說法；要去掉腦中的紛亂情緒，獲得平靜的心。（即是沒有情緒的腦）

　　氣是意念，心是情緒；新術語解釋舊術語，修行上便有了清楚方向。氣與心容易理解，因為它們都涉及生理，可以用科學觀念釐清。但是我不同，我完全是心理上，一念之間的認知事情。

　　西方對於我的理解，大部分以自我（self）為我。自我是獨一無二，分別自己與他人的界線。這個界線的有無，區分了集體主義與個人主義。過度強化自我的情況下，自我中心（self-centered）與自私（selfness）自利（self-interest）浮現。這種態度，造成人與人之間的

隔閡與鬥爭。這個我，絕對與東方之我不同。

佛家把過度自我（自我中心、自私自利）稱為我執，稱為貢高我慢。貢高我慢即是驕傲，即是過度看重自己的意義與價值。

如果說，自我是人類慾望的啟始，也不為過。慾望達成，是自我的成功；慾望不達成，是自我的失敗。人類的煩惱，都是在這種成功與失敗間擺盪。東方思想認為：煩惱與我的關係密切；要去除之，必須面對我這個問題。

佛家對於我的問題，有兩階段思考。第一，人必須要有我，要有一個身心主宰。這個主宰，道家稱為神。所謂「煉氣化神」，就是通過修煉，把我找出來。沒有我的人，就是「六神無主」「行屍走肉」。釋迦摩尼有一句話，「天上天下，唯我獨尊」；禪宗對苦心念佛，卻迷迷糊糊的弟子，醍醐灌頂曰：「誰在念佛！」這些說法，都是要人建立身心主宰。能夠自主，知道自己是誰，就是有我。

然而，我這個東西，很容易膨脹。一旦膨脹，就走上前述的自私自利路子。所以，佛家在有我之後，還要修煉無我。這個無我的修煉，道家叫做「煉神還虛」；把我納入虛空之中，好不容易找到的我，又不見了。莊子說「至人無己」，就是這個狀態。佛家重視修行次第，有《三法印》說法：「諸行無常，諸法無我，涅盤寂靜」。因此，一度有我後，再度無我。我之道理，深遠至極矣。

任何思想，都要經過正、反、合的辯證檢驗。自我到底是什麼，如何面對；禪宗的「見山是山，見山不是山，見山是山」，說的很清楚了。

說自私

自私，是最難說明白的一件事情。每個人都指責別人自私，可是每個人都自私。自私由基因指令控制；它的目的，是讓每一個生命體，盡最大可能的活下去，並且繁衍後代。一個動物，要覓食，要在短時間內讓基因延續；一個動物，要求偶，要在長時間內讓基因延續。自私的信息，存在動物的荷爾蒙中；生命體要存活，怎麼可能不自私。（植物也是自私的，只是它們活動緩慢，不容易察覺）

人類經營極度特化的社會，大量個體聚集一處。個人的自私，影響他人的自私，導致衝突不斷。這個情況，必須避免。因此人類發明了各種規範－道德、宗教、法律等，限制人類的自私。人類最大的痛苦，是受到約束，在社會中不得任意自私。這種自然基因與人為規範的牴觸，讓哲學家（教導人類應該如何活著的人）傷透腦筋。

道德、宗教、法律等，把人類分成好人與壞人。所謂好人，可以說是相對不自私的人。所謂壞人，可以說是相對自私的人。這種分類，有一點好笑。因為，好人多半是隱藏自私的人；壞人多半是不隱藏自私（或者自私行為被發現）的人。佛教不講好人與壞人，而講智人與愚人。這種講法，比好人壞人的講法，柔和一點。其實，自私是一種程度，一種可以量化的數值。所謂自私的人，就是這個數值高的人。關於自私，還是心理學說的最好。

自私（selfish）的人，就是自我中心（self-centered）數值高的人。人類的密集群居社會，不能允許每個人都以自我為中心。這個問題，哲學家不能解決，社會學家可以解決。中國古代《管子》，有「倉廩實而知禮節，衣食足而知榮辱」語。管子認為，自私心理具先天性，社會規範具後天性；如何調和先天後天，只有一個辦法；就是讓社會富足起來，讓個人的自私可以滿足。

　　自私的控制機制，除了客觀社會富足外，還有主觀意識取向。基本上，偏向集體主義的社會，比較不自私。偏向個人主義的社會，比較自私。因為自私與個人主義，根本是一體兩面。個人主義，是個精緻的包裝。它把自私合理化與學術化了；把自私，作為個人價值觀的一種取捨。個人主義高唱入雲的時代，就是人類最自私的時代。今日，集體主義處於弱勢。

　　個人主義，是近代的一種思潮。這種思潮，受到現代科學加持後，更是一發不可收拾。今日的科學，大大強化了人類能力；人類已經不同於以往，而是具備各種機器能力的新物種。科學，讓這個新物種中的每一個體，都有了更加自私的條件；更加信心滿滿的行使個人主義，發揮自私天性。

　　自私，是一種基因指導下的生物行為。富裕社會與集體主義，或者是解決的良策。然而，個人主義與科學，給了自私理論基礎與實際能力。未來的人類，或將較以往更為自私。

說自尊

　　自尊是「我」之作用使然；其間的心態轉折，非常複雜。可以有幾種說法。

　　自尊可以和自愛接近。一般說「請尊重自己」就是請自愛、請自律的意思。這裡面有平等的觀念，以及普世的社會要求；它常常規範於道德與法律之中。凡是不自愛、不自律的人，會受到道德譴責與法律懲罰。中國有句話「君子自重」，便是「請尊重自己」。以自重為自尊，是自尊的基礎。目的是人際關係的和諧。

　　以自重為自尊，建立在「我」與他人的關係上。那種自尊看來有些被動，有些受人為規範制約。自尊也可以純然主動，不受人制約。那樣的自尊，就是自信，就是存在感。當人有自信、有存在感的時候，會覺得自己有使命、會對自己有要求；以期變得更好，更強大。

　　佛教的觀世音菩薩，又稱為觀自在菩薩。一般對於「自在」，多作輕鬆舒適解釋。事實上，「自在」應當作自我存在解釋。所謂觀自在，即是感覺到自我的存在。

一個有自信、有存在感的人，在人群中，總是看來不同。以自信為自尊，是自尊的提昇。目的是成就「我」之價值。

　　「我」之為物，甚深微妙。它一旦出現，便可能過度膨脹：由原本對內的「我」之自信，發展為對外的輕視與挑釁－處處與人為難計

較。如果優於他人,就妄自尊大,自傲起來。如果劣於他人,就「自尊受傷」,自卑起來;變成不能批評的「玻璃心」。以自大為自尊－在自傲與自卑間擺盪,是自尊的不穩定,是自尊的偏離。它以非常的、極端的表現「我」為目的,卻成為煩惱痛苦根源。

自尊膨脹的人物,通常冷漠或者霸氣。他們不能接受社會的公平競爭,而處於自我中心(self-centered)狀態。這種自大狀態的最終發展,就是與他人疏離,而成為病態。

自尊是「我」之作用使然,基本有三種樣貌;自重、自信與自大。前兩種正面,後一種負面。自尊的分寸與掌握,是每個人要正視的問題。

佛家是最講究「我」的宗教。傳說釋迦摩尼出生時,一手指天一手指地,說「天上天下,唯我獨尊」。這句話裡,有「我」字又有「尊」字;很多人誤解這是世尊的狂妄。事實上,佛家唯心;只講世出法而不講世間法。世尊的「唯我獨尊」不是自大,而是自信。同時,為了怕自信過頭,走上自大的路。世尊對於「我」的膨脹,嚴肅以待;稱之為「我執」或者「我相」。認為那是修行的大障礙。

更深一層講,「唯我獨尊」是指「自信」而不「他信」;故不求「他力」,尊我而自我修行。這是佛家這種宗教的最大特點。

釋迦牟尼的「眾生平等」,是對自重為自尊的開示。「唯我獨尊」是對自信為自尊的開示。「我執」「我相」是對自大為自尊的批評。釋迦牟尼是最懂自尊的人,是把自尊二字的各個樣貌,講的極清楚極細緻的人。

說自然

　　自然這個辭很普通，因此不大容易定義。基本上，它指萬物的原有狀態；不作多餘的推測、想像與加工。學術上，近代科學多半走這個路子；特別是研究物質世界的科學，稱為自然科學。自然科學，這個極通俗的名字，其實替自然作了最好註腳。講自然，有唯物而實際的意思。

　　自然的觀念，並不只存在於自然科學中，也存在於人文學問裡；中國的老子最有代表性。他是極早的自然闡述者與提倡者。自然這個詞，也出自他的學說。《老子》一書中，就有「我自然」這句話。

　　人類本是自然的一部分，然而，又自外於自然；人類對自然的改變，可以稱為人工；人工與自然處於相對狀態。人類社會，是人工而不自然的社會。

　　人類社會的不自然，緣於大規模的群居。大規模群居，不存在於自然界。自然界的群居動物都是以家庭為單位。人類社會，則聚集眾多家庭為村落、都市、國家。這種聚集，導致男性荷爾蒙的不安定。人類社會的所有問題，都與這個問題相關。

　　發現社會的不自然，緣於對自然的觀察；自然中的動植物，與人類活動大不相同，卻又看似與環境（大自然）相處和諧。反觀人類社會，則處處可見人工，並且相處不和諧。理解自然法則（叢林法則）

與社會法則的不同,是人文上講自然的起始。崇尚自然法則,反對社會法則,是講自然者的基本論點。他們排斥社會法則,希望人類可以恢復自然狀態。所謂回歸自然,即是讓人類退回自然,甚至原始。因此,講自然者,多給人一種樸素的感覺。

老子學說,有很重的反社會、反文化傾向。例如「聖人不仁,以百姓為芻狗」「大道廢,有仁義;智慧出,有大偽」「為腹不為目」等等名言。

人類可以退回自然,甚至原始嗎。人類建構了獨特的社會體制,其文明文化,都在這種體制中運作。這種人工的不自然社會,必須由各種機制維持。例如:道德、宗教、藝術、法律。講自然者,認為道德是虛偽的;然而這種虛偽,給予了社會潤滑。講自然者,認為宗教是無稽的;然而這種無稽,給予了社會安慰。講自然者,認為藝術是虛幻的;然而這種虛幻,給予了社會趣味。至於說到法律,講自然者,認為法律是約束的;然而這種約束的失去,社會形同解體。

因此,講自然者,所反對的是外在的社會機制,而不是內在的根本問題－那個大規模群居、雄性荷爾蒙衝突的生物學問題。社會機制,伴隨社會型態而存在。社會型態不改變,機制不會改變。離開社會型態談社會機制,是一種烏托邦的說法。

老子的「小國寡民…雞犬相聞,老死不相往來」。多少談到了社會型態,那個型態就是原始社會。就歷史而言,人類社會是越來越大,而不是越來越小。人類文明文化是因為社會型態需要的演化行為。就未來而言,反演化現象,不可能出現。

人文學問上講自然，可以視為個人修養，可以視為無奈嘆息；卻沒辦法成為眾人共識，沒辦法成為社會藍圖。

說身份

　　一般而言,身份是社會認同,是個人的標記;也可以說,身份就是地位,就是個人在階級上的劃分。動物與人類的社會不同,缺少文化內涵。但是,群居動物也有身份,也有在團體內的標記與地位。

　　動物在年幼時期,沒有社會身份。那是因為還不了解階級的劃分。因此,長者對於他們,多採取包容妥協態度。故有不與小孩計較,所謂「童言無忌」的說法。

　　人類的第一種身份,是子女的身份。這種父母子女的家庭身份,是父母教導出來的;也是兄弟姊妹間競爭出來的。最好的標記,叫做好孩子。第二種身份,是學生身份。這種身份是老師教導的;也是同學間競爭出來的。最好的標記,叫做好學生。家庭與學校,都是比較柔和的團體,並且有時間性。小孩長大以後,對於這種身份,並不覺得有什麼重要。

　　進入社會後,第三種身份出現,那就是職業與事業上的身份。這種身份(地位、階級、標記)就嚴肅的多了。它直接與名利發生關係,名利,是世俗評定一個人成功與否的標準。所以,一個爭名奪利的成人世界,也可以說是一個爭奪身份的世界。身份是社會標誌,是煩惱的重要來源。其緣故,就是人每每相互比較其身份。這種身份高下的比較,是個人痛苦甚至社會紛亂的起因。

身份,對個人而言,也是一種精神狀態,一種角色扮演。一個人承認自己的身份,就是戲劇中的入戲。長時間的入戲,就不大容易出戲;身分也就被自己確認了。然而,有的人不容易入戲,不承認自己的社會身分;明明被社會安排了一個角色,但是對這個角色是不是自己,始終迷惑。再加上,身份是可以重疊的,一個人常常扮演不同角色:小至家庭,大至社會,同時間屬於不同團體,而有不同的身份。這種不承認與弄不清角色的情況,是人類社會很普遍的現象。這與人類社會複雜,以及人類意志強烈,都有關聯。

　　極度承認自己的身份,也未必是一件好事。那就是當身份失去的時候,難以忍受。家庭裡的空巢期,社會上的退休症候群,講的就是身份的失去。這些人入戲太深,不能把自己的精神狀態,從其角色中拔出來。而失魂落魄,影響身心。

　　身份的得失,非常類似戲劇中的上台下台。但是又有多少人,能悠遊於入戲出戲之間呢。

　　幸而,關於身份,除去社會認同外,還有自我認同。這個事情,並不是所有人都機會觸及。自我認同,與社會上名利等等的標準,沒有關係。它是跳過社會生活,跳過各種生活標準,而直接接觸生命本身。理解自己,不過是一個生命體;認同自己的真正身份,不過是一個生命體。社會認同的種種問題與不適,就會漸漸淡去。生物學探討,是這種認同的良好路徑。一些東方哲學宗教探討,也是這種認同的良好路徑。其中道家與禪宗講得最好。

說身體

　　身體與精神（靈魂）相對。宗教家認為，它們是兩件事，精神可以與身體分離。科學家認為它們是一件事，精神是腦子活動，是身體的生物電（腦電波）活動。所以，精神也是身體的一部分。兩種說法不同，在於唯心唯物的差別。

　　精神與身體，都是生命一部分。但是，精神與身體，的確是兩種活動；兩種會相互影響的活動。一個人身體不好而精神健旺，是很少見的。佛家有一句話「身心自在」。身在前，心在後；存在決定意識，物質決定精神。這種前後因果關係，可以明白身體健康的重要。

　　身體是一個化學工廠，包含了各種元素；其間的平衡運作，才能維持體健康。維持健康，中國古稱養生。（或者衛生。衛生今日多作清潔解釋。其實，衛生是保衛生命的意思。衛生比養生意思更深刻）

　　身體既是化學工廠，必須時時補充原料，利其運作。補充的方法，就是吃東西。然而大部分人基於口腹之慾，講究吃味道，不講究吃營養。蛋白質，是營養的主料，其他都是配料。配料不可缺少，主料必須足夠。在講究吃味道的潮流下，一般人蛋白質攝取量都不夠。吃葷的人，必須吃大量肉蛋奶。吃素的人，必須吃大量豆類。所謂吃清淡，常常被人誤解。清淡是指口味，不是指原料。至於飲水，更是重要。人體百分之50到60是水分。（男人含水量，較女人多百分之10

左右。《紅樓夢》說「女人是水做的，男人是泥做的」，顯然有問題）缺水會導致各種身體問題。水與蛋白質，是健康的根本來源。

在《孝經》中，孔子說「身體髮膚，受之父母，不敢毀傷」。這句話，把維持健康歸於孝順名下了。事實上，身體的健康，是難以維持的。因為，無論如何保健，身體總會老化。佛家說「生老病死」，其關鍵點是老：因為老而病，因為老而死。老，就是身體開始走下坡，可以延緩，不能避免。如果說，老化是生命最大遺憾，也不為過。

面對身體老化問題，宗教家有唯物與唯心兩種辦法。唯物方面，中國的道家養生者，發展出不死觀念－通過修行而不老、不死。道家叫那種「與天齊壽」者為仙人。仙人始終沒有出現，但是道家的養生者，對後世醫學有不少貢獻。

唯心方面，印度的佛家修行者，把身體與精神分開；認為身體老化死去後，精神可以長存。（無論上天堂下地獄，都是精神長存）所以，佛家輕視身體（稱身體為「臭皮囊」）而把希望寄託在死後的精神世界。當然，也有比較現世的佛家教派；例如禪宗便主張「活在當下」。「活在當下」便是承認身體變化，接受身體變化。禪宗是中國特有教派，和中國的道家思想，藕斷絲連。

無論唯物還是唯心，宗教都不能解決身體問題。這個問題，要留給科學。

說命運

　　命運這件事，很是難說；它不能以科學證明，一般歸類為民俗迷信；但是大多數人都感覺，冥冥中似乎有操作。解釋命運的學問，叫做算命。

　　中國上古時期，周朝相對於商朝，是不迷信的。（人類學認為，近海民族生活容易，好玄想；內陸民族生活艱困，不好玄想）孔子，可以作為周朝性格的代表。他說「未知生，焉知死」「敬鬼神而遠之」。對不相信命運的子貢，大加讚賞。所謂「賜不受命，而貨殖焉，億則屢中」。（子貢不信命運，做生意眼光準確）但是，孔子也講過「五十而知天命」「假我數年，五十以學《易》，可以無大過矣」這些話。好像到了一定年紀，他對命運的看法，有了改變。

　　《易經》看似是講命運的書，但是它的推論過程有祈禱部分。祈禱就是承認神明存在。有趣的是：神明與命運，應該是相反的兩件事。（命運的必然，在於神明不能左右；神明的存在，在於命運可由之主導）準確的說，《易經》是一本求神問卜的書，而不是一本算命的書。所謂算命，是算出必然、無人能改動的命運。

　　算命的理論，都與天文有關，都與宇宙運行有關。無論紫微斗數、八字、鐵板神數，都離不開星象，離不開星座的轉換與排列。（西方占星術也是如此）換句話說，命運與出生時間有關。（準確的講，應該是與受孕時間有關）不同時間，宇宙運行產生的重力（或者

其他力）影響精子卵子結合時的基因重組；形成人類不同個性，形成人類不同命運。

　　命運與個性的關係密切。同一件事情，不同個性的人，處理方式不一樣，結果與其後續，也就不一樣。關於個性與命運的故事，《了凡四訓》流傳最廣。袁了凡認為，個性改變了，命運就改變了。問題是，「江山易改，本性難移」。能夠改變個性的，又有幾人。除非像袁了凡一樣接受修行，改造自己。

如果上述這個想法不對，算命這件事，真是不可思議了。如果上述這個想法有可能，另一個問題就出現了。古人是如何知道（所有）宇宙運行重力（或者其他力）的相互關係？又如何知道這種關係，落實在（所有）人類身上產生的影響？這個問題，絕對不是由簡單統計而來。除非，統計者是一台有超級大數據的量子電腦。那麼，這個統計者（算命的發明者）又是誰呢？

　　算命是解釋命運的學問，是解釋時、空關係的學問。看起來，它不是一個文化現象，而是一個文明現象：給人類「我是誰，我從哪裡來，我到哪裡去」這個疑惑，一個奇妙的窗口。理解算命與命運，需要更多的科學家（特別是數學家、物理學家、遺傳學家、統計學家等）的好奇與參與。

　　算命雖然講的是人事，背後卻是宇宙法則。古人稱這種法則為天機，大自然的機巧與機制。這是文明的科學範疇，不僅僅是文化的民俗範疇。

說和平

和平的獲得,取決於戰爭實力,不取決於道德囈語。

和平通常不用在個人身上。個人性格和平,一般都有其他字彙形容。例如:溫和、善良等等。和平,多指國家與國家間的狀態,和平與戰爭相對。

戰爭是一種鬥爭狀態,和平是一種非鬥爭狀態。在動物界,鬥爭是極為普通的事情。然而,動物的鬥爭很單純,一是覓食問題。異類之間的弱肉強食,很難說是戰爭。二是求偶問題。同類之間的爭奪配偶,也很難說是戰爭。動物很少有團體之間的鬥爭－戰爭。

戰爭是團體間的鬥爭。人類不自然的群居(個體大量聚集)方式:由家庭而部落,部落而國家。國家之間的鬥爭,大規模而且殘忍。這種國際鬥爭,是真正的同類相殘。歷史上,這種同類相殘,從不間斷。

人類的不自然群居方式,有自己的內控機制。其中道德、法律、宗教為其大端。這些機制,對個體(以及國家內部團體)有制約作用;人民應該遵守法律、道德與宗教的規範教誨;否則,便會受到各種形式的處罰。然而,這些機制,對於國家,不起什麼作用。因為國家之上,沒有一個有效的制裁機構。國家之間,只會彼此制裁。國際

關係,是基於地緣政治的一團混亂。國家與國家之間,勉強說,是可控制的失控狀態。

國家是巨大的怪異團體;要求內部社會守規矩、講文明;但是它們所處的那個國際社會,完全不守規矩,不講文明。國際社會,是極度原始的鬥爭場所。其中原則,是簡單的「強凌弱,眾暴寡」。國際之間,不受法律約束;各種條約可以隨意撕毀。國際之間,不受道德約束;道德只是虛偽的外交辭令。國際之間,不受宗教約束;宗教反倒常常成為戰爭旗幟。國際和平不存在,部分原因,在於國家的不受控性格。

國家之間,難有長期和平;國家只遵守叢林法則,彼此吞噬。吞噬的原因,多源於一個利字,也就是資源。資源是個經濟問題;古代以食物為代表,今日以能源為代表。這種爭奪的目的,在於使自己國家更安全。在這裡,經濟與安全合為一體。畢竟,保障人民的經濟與安全,是國家存在基本目的。

國家永遠為不和平做準備,設有戰爭機器,也就是軍隊。廢除軍隊是不可能的,因為在國際叢林之中,彼此都深懷戒心。古人說「非我族類,其心必異」,就是這個意思。國家戰爭機器的設置,即是讓其他國家不敢輕舉妄動,搶奪自己資源。

中文的武字,由止與戈二字拼起來。所以有「止戈為武」的說法。「止戈為武」並不是一種和平思想。而是「動武,是為了阻止(停止)對方動武」。簡單講,就是以暴制暴。以暴制暴,是維繫和

平的重要手段。至於那種暴力，要發展到什麼程度呢。現今政治學上的恐怖平衡（balance of terror）說的十分透徹－維繫和平，必須具有讓他人恐懼的暴力。

現實中，和平的維持，在於暴力的存在。這是和平主義者，不能明白的事。

說宗教

宗教起源於恐懼心理。人類最大的恐懼,就是死亡。為了應對這種恐懼,人類發明了奇妙的鬼神機制。鬼是一個偉大的發明。鬼的觀念,表示死亡不是一個結束,而是一個轉化。活著是人,死了是鬼。死了仍然存在;存在(being)讓人類不再那麼懼怕死亡。

相信有鬼這件事,慢慢的系統化。這個系統可以分為祖先崇拜與圖騰崇拜。繼鬼之後,歷史發展上出現了神。神不但掌管死後世界,也掌管各種人類的希望與企求。神的系統,有分類詳細的神明(deity)以及統領一切的創造者。(god)

鬼神一旦有了系統,就方便祭祀。祭祀有場所,有儀式;最重要的,有主祭者。主祭者是祭祀系統中的政治人物。他也變相的,成為掌管死後世界,掌管各種希望與企求的角色。主祭者,從祭祀中獲得了權力。

系統化的祭祀,有濃厚的政治意味。這是政治人物不敢輕視的事情。因為自從宗教興起,人類的社會,一分為二。一是控制現實(物質)的政治世界,一是控制虛擬(精神)的宗教世界。政治人物最擔心的事,就是宗教人物有了政治意圖。那種意圖,會顛覆政治,取代政治,成為人民的真正統治者。(這種意圖的表現,歷史上不勝枚舉)因此,政教合一,成為普遍應用的統治方法:高明的,讓政治家

同時具有宗教家身分；以便統治物質、精神兩個世界。

　　宗教為政治裹挾，成為輔政工具。歷史上，所謂宗教信仰，是一種受到高度監督的政治活動。宗教在政治人物與信徒眼中，是完全不一樣的東西。這種情況，要到文藝復興開始，才逐漸有變化；因為科學的興起，宗教相對沒落。政治人物對宗教的興趣減少，宗教才漸漸獨立於政治之外。

　　科學，是宗教的最大敵人。接受科學的人，認為宗教只是無稽之談，只是迷信。然而，人類的文明文化發展，是一種供需問題。宗教存在了那麼長時間，必有它的社會功能與心理功能。也就是說，它一定提供了人類的部分精神需要。

　　宗教的核心，是一個信字。信，就是思維上的同意與認可。相信宗教，與相信其他任何事物，沒有什麼差別。信，本來就是主觀的事情。沒有人知道所信的，是不是真的。所謂相信科學，也是主觀上的相信；沒人知道科學所述，是不是真的。（很多科學理論，不是日新月異麼？那麼，舊的理論不是錯的麼？舊的、錯的理論，不是也長時期為人所信麼）

　　孫中山說過「思想，信仰，力量」的關係。如果宗教令人產生力量，則它必然透過思維，影響了人類的心理活動。這裡，對與錯（甚至真與假）不是重點；效果是重點。如果宗教可以有效果的安慰人心，它就有存在的價值。有人認為，宗教是一種催眠術（hypnosis）與安慰劑。（placebo）那麼，宗教是一種有效果的催眠術與安慰劑。

說幸福

　　幸福不來自客觀條件，來自主觀感受。（這個事情，與藝術中的美感有點相像－美感不是藝術品的屬性，是欣賞者的感受）幸福這種主觀感受，顯然唯心。

　　因此，幸福沒有標準指數：達到某個指數就幸福，否則就不幸福。也因此，幸福與物質沒有什麼關係。（物質才可以量化，才可以有指數）一個人可以擁有物質條件，但是沒有幸福感。（這個形況非常普遍）一個人也可以缺乏物質條件，但是很幸福。（這是佛家頌揚的境界）

　　物質的確可以帶來快樂，但是那種快樂是情緒。當物質消失的時候，快樂情緒也跟著消失。（飲食、金錢是最好例子）有的東西，看起來物質性不是那麼明顯，（例如愛情、名譽）然而一旦消失，快樂情緒也跟著消失。所以，快樂與有、無的關係很大；與擁有（have）與失去（lose）的關係很大。快樂與否，是情緒在有、無之間的起落。快樂不是幸福。

　　佛家說六道輪迴，講的就是客觀條件與情緒的關係。天、人、阿修羅、畜生、鬼、地獄，是六種情緒。其中輪迴二字，是重中之重。哪怕快樂如在天堂，也會跌入地獄而不快樂。那種輪迴式的快樂，有什麼幸福可言。

幸福既然不是快樂，幸福是什麼呢。幸福是沒有客觀原因的快樂。為了與快樂作區別，佛家說那叫禪悅、法喜。現代人喜歡說「自嗨」，雖然有點不敬，但是相當傳神。幸福是沒有什麼緣由的快樂。幸福與禪悅、法喜、「自嗨」十分接近。

　　雖然說，沒有什麼緣由，還是不能毫無緣由。因為人生就是個緣起、緣滅的過程。緣起、緣滅的過程中，不可能真正擁有，但是可以享受。（enjoy）幸福的人，不在乎擁有，但是懂得享受。享受緣起，享受緣滅，享受任何剎那的當下。那種享受，出於對生命本身的讚嘆。（讚嘆，就是「哎呀，真好啊」的意思）

　　中國有句老話，「有福不會享」。這句話，道盡大多數人不幸福的癥結。不會享福，就是不會享受－不知道享受當下，原來就是幸福。幸福是體會出來的，學習出來的。（否則也不需要修行了）可以享受的東西越多，就越幸福。這個越多二字，沒有止境。追求幸福，就是可享受的東西，越來越多。但是，幸福者享受的東西，常常是不幸福者，完全不能接受的東西。

　　原因是：幸福是享受當下，也是享受相對。不能接受、享受相對，就是有分別心。沒有分別心的人，就是幸福的人；就是可以享受「生滅、垢淨、增減」的人。對於不同甚至相反的東西，都可以享受，並且讚嘆的人，就是幸福的人。

　　快樂與幸福不同。快樂是因為擁有，幸福是因為享受。快樂是情緒，幸福是境界。幸福來自於對生命的享受、讚嘆。還有，感恩。

就生理學而言,一個懂得享受當下,無視相對,時時讚嘆與感恩的人,就是血清素(serotonin)與多巴胺(dopamine)分泌多的人。幸福與內分泌,很有關係。佛學與科學,很有關係。

說法律

　　法律是人為設定的社會規範。人類的社會規範有幾種，例如道德、法律、宗教。法律的執行力最強，它是國家設定的規範；如果違反，就要受到制裁。道德是一種意識形態的約定俗成，它在古代東方，有相當的執行力。它的執行力，是民間自動自發的執行，政府也相對承認。宗教也是一種意識形態的約定俗成。在古代西方，與政治結合緊密。因此，它也有相當的執行力，受到政府認可。

　　法律是最強的社會規範。它的強大執行力，出自於政府；政府的執行力，出自於暴力。因為暴力（警察、軍隊等等）支撐，它的執行力才會超過道德與宗教。因為，社會唯一的合法暴力，來自於政府。民間與宗教，雖有規範，但是沒有暴力在背後。在古代，道德與宗教的暴力，多是政府下放的暴力，是政府默許的暴力。它的來源，還是政府。如果道德、宗教都不能約束人類行為，法律就會展現面目。道德、宗教、法律的前身，是原始社會圖騰制度。（totemism）圖騰制度是通過神明指示的，約定成俗的規範；最後，由酋長與巫師執行其暴力制裁。

　　道德、法律、宗教的出現，都是因為人類的特殊社會。人類群聚情況，在動物界不存在。那麼多的荷爾蒙產生體，相處在一起，難免衝突。為了維繫社會運作，道德、法律、宗教－人為的相處規則，便被設定。基本上，和睦相處是最高原則。動物沒有法律，但是也有社

會規範。那種規範是叢林法則：強凌弱、眾暴寡，是最高原則。動物也都遵守那種原則，在大自然中生存著。人類規範，絕對不同於動物規範。從社會相異性看來，法律，是維繫人類社會的最後一道防線。

人類是一種動物，寧可遵循叢林法則（受荷爾蒙指導的為所欲為）而不願意接受人為規範。自由，是一個模糊的概念。今日，自由已經成為政治術語。似乎政治自由（民主）是自由的完整概念。事實上，人類內心的最大不自由，並不是政治，而是社會規範的種種約束。因此，犯法、違法，遊走法律邊緣，甚至弄法－玩弄法律，自古以來，都是人類社會運作下的常態。世界上最民主自由的國家，都是法律最嚴格的國家。自由的定義，在這裡有一點模糊。

法律既然是社會的產物，它就會隨著時空變化而變化。在不同時空中，遵守固定法律，是可笑的事情。法律受社會制約，社會變了，法律就變了。法律不是永恆的規範。遵守法律，只是遵守社會的階段性法律。

法律的最高目的，不在於制裁，而在於防患。因此，法律的宣示與警告意味強烈。在今日科學的加持下，這種宣示與警告，大大增強。透過科技，法律對於社會的早期監控，達到前所未有地步。科學與法律的結合，使得未來世界，必然是一個嚴刑峻法世界。

說知識

　　人類與動物的最大差別，就是腦與手的發達。因為腦子好，可以做深度邏輯思考；因為手靈巧，可以把所思變為現實。然而，人類文明文化的出現，是因為其邏輯思考可以延續；除了自己以外，還可以讓他人將其思考變為現實。這種嘉惠他人的現象，就是知識傳播。

　　動物也有一些簡易的發明發現，但是，牠們不容易將之代代相傳。每一代都從頭開始，哪裏說的上文明文化。牛頓（Isaac Newton）有一句名言「我只是站在巨人的肩膀上」，那個巨人，指得就是知識。牛頓接受了人類的數千年知識，再加上個人體會，成就了自己。（這句話看似謙虛，其實也很自豪；牛頓表示，他有資格成為那個巨人的一部分了）

　　知識，可以歸為兩種類型；文明與文化。文明的出現，始於對自然的好奇，終於分類細緻的科學。這些科學知識，使人類逐漸理解、控制自然規律。這些科學知識，應該用於造福人類。事實上，科學與武器製作的關係，始終密切。知識的濫用，讓人類苦於戰爭，文明也不得快速提升。

　　文化的出現，始於群居的特殊要求。人類的各種文化，都是生活知識，都是適應群居的配套措施。道德、宗教、法律、藝術，是其中的大項目。這些項目的產生，是為了讓群居人類，有比較一致的生活

模式。如果人人各行其是，社會便解體了。文化問題，在於不同文化（生活知識）的族群，彼此不易相容。文化不同，造成的敵視與衝突，也是世界紛亂的大原因。

文明與文化，是人類的兩套知識；它們的系統化，就是今日所謂的自然科學與人文社會科學。這兩套知識，讓人之所以為人，不同於動物。當然，知識是中性的－綜觀歷史，人類以之為善為惡，都所在多有。

培根（Francis Bacon）說「知識即是力量」。行善為惡，都需要力量。知識對於人類，便是如此。因此，古代中國有一種反知識的思想，以《老子》為代表。認為人類應該回歸自然，返回原始狀態，可以免除各種爭紛。

知識重於累積，重於傳播，形成人類的共同財富。累積與傳播，都需要時間。時間，可以揀選、淘汰錯誤的知識。然而，近年來，由於科技突破，知識的傳播快速，揀選與淘汰的機制失控。透過網路，各種垃圾知識－錯誤、惡意、無價值的知識，充斥於人類周邊。真正知識，不斷稀釋；影響所及，對於創造知識、傳播知識的人，顯見輕視。這種垃圾知識的氾濫，絕不是西方人說的「知識爆發」，而是「知識崩壞」。

除此以外，由機器儲存知識（電腦）及創造知識（AI）的作法，是將知識與電子訊息畫等號：前者，令知識的丟失極為容易；後者，令人懶於繼續探索知識。最終，知識與機器合為一體；人類存在的價值，或要產生動搖。

說社會

　　社會形成的基本要件,就是群居。獨居動物,沒有什麼社會現象。群居動物,則有明顯的社會現象;社會現象,就是同類群居,彼此之間有互動關係。群居動物的社會,以家庭(或家族 family)為單位。每個家庭之間,鮮少互動。

　　老子的「小國寡民…老死不相往來」,實有生物學與社會學深意。群居動物以家庭為單位,是一種演化結果。團體必須有一致意志;許多個體,好像同一個體一般;團體才能發揮作用,個體結合成團體,才有必要。

　　動物的社會,以家庭為單位,有演化上的意義。動物團體的意志,以領袖意志統一之。那個領袖多半是體型最大的,體能最強的。(群居動物領袖,多半為雄性。也有雌性為領袖的,例如大象,其原因也是因為牠體型最大,體能最強)這種團體運作模式,在下一代出生並成長後,出現變化。因為下一代體型大、體能強幼獸,會挑戰原有領袖(父母)地位,造成團體意志不統一;以致團體分裂。因此,群居動物,多半將已經性成熟的雄性幼獸,逐出團體;令其自組團體,自組家庭。這種家庭單位,是群居動物維繫社會正常的生物法則。

　　人類是一種群居動物,自有其社會。舊石器時代,人類與動物無

異，也以一個家庭為社會單位。團體意志統一，由一個領袖統領。自從進入新石器時代，因為畜牧與農耕的要求，人類開始不自然的群居，出現部落與村落。這種由好多家庭組合的團體，男性荷爾蒙爆發（女性亦有男性荷爾蒙）衝突不斷。每個家庭的家長都有自己的領袖意志，但是要屈從於首領之下。那種受壓抑的不平情緒，來自於不同於動物的，不自然的，多家庭群居方式。多家庭群居方式，隨著人類社會組織的擴大，導致人類之間衝突也越大。人類的社會問題，皆出自於不自然的群居。人類沒有演化出解決這種大量群居的辦法。人類的各種社會問題，都可以視作大量群居，導致的荷爾蒙不平衡問題。

動物也有大量群居的情形，例如螞蟻與蜜蜂。但是牠們的權力核心，仍然是一個家庭。其他成員，並無性別，也沒有荷爾蒙問題。這是大自然給予牠們的解決辦法。這種辦法，不適用於人類。把人類社會與螞蟻蜜蜂社會做比較，會發現生理上的演化性差異。

為了緩和社會衝突，歷史上，人類發展出四種文化機制：道德、法律、宗教、藝術。道德是一種柔性勸導，可以壓制人類的荷爾蒙飆升。道德勸導不行，則施之以法律。法律是一種剛性限制，可以壓制人類的荷爾蒙飆升。法律限制不行，則施之以宗教。宗教產生的不可知恐懼，（神明的處罰）可以壓制人類的荷爾蒙飆升。當這三種方式，都不能壓制荷爾蒙的時候，則施之以藝術。藝術不是壓制的手段，而是抒發的手段。藝術可以抒發荷爾蒙造成的負面情緒，而導向於正面－平靜或者快樂。（觀察原始民族藝術，多以舞蹈、歌唱為主；便可以明白藝術機制的初始作用）

說金錢

　　金錢是價值的抵用品。它起源於新石器時代以降,人類開始累積大量物資時候。當物資稀少之時,以物易物很方便,(例如五隻羊交換一隻牛)不需要金錢作為抵用品。當物資龐大時候,一種價值的抵用品就出現了。(例如五百隻羊交換五十隻牛)因為實體的交換不方便,作為等值象徵的金錢,應運而生。金錢不必然出現,金錢的出現,只是為了方便交換。得到金錢的人,可以自行再去交換所需物資。

　　作為價值的抵用品,金錢除了可以交換物資,也可以交換服務。(勞動力)人類社會中,生產者自然是物資提供者。生產者以外的各種行業,多少都有服務性質。早期的服務,應該是直接給予物資。(例如替人除草,以一隻雞作為報酬)當物資與服務,都可以用金錢給付時候,金錢的地位確立;成為社會上一種網絡式的流通狀態。

　　流通是金錢的一個特色。凡是方便流通的東西,就方便累積。累積又是金錢的一個特色。一個人不需要辛苦的豢養五千隻羊,只要有五千隻羊的等值金錢,就可以坐擁等同價值。

　　通過金錢,價值可以方便的流通與累積。(不需要流通、累積物資)這個事情,使得金錢的原始意義發生動搖。金錢原本是等值物資的抵用品;通過生產與服務,獲得等值報酬。但是金錢那麼容易流通

與累積,擁有大量金錢的人,開始了一種金錢遊戲。金錢遊戲的本質,就是賭博,就是以小博大。擁有大量金錢的人,可以好逸惡勞的,跳過生產與服務;以金錢賺取金錢,而不以生產與服務賺取金錢。

金錢遊戲,可以稱為賭博遊戲,也可以稱為投資遊戲。只是前者聽起來不高尚,後者聽起來高尚。(事實上,任何金錢遊戲,都有賭博的動作在其中)賭博或者投資,都有風險;也就是可能沒賺到錢,反而賠了錢。這種風險,激起了人類的冒險心與好勝心。這兩者,都會讓荷爾蒙發生變化,產生興奮感。如果說,金錢遊戲的形上動機,是人類追求興奮感,也不為過。這種興奮感,多半時候,被稱為貪慾。

對於金錢遊戲－賭博與投資,講的最透徹,實行最徹底的,就是西方資本主義。(資本就是金錢,資本主義就是金錢主義)當賭博與投資(更時髦的語言,叫做金融業)成為經濟發展主軸與指標時。生產與服務,這些構成社會運作的本質事項,都被忽視。一個拜金的「笑貧不笑娼」社會,於是焉出現。

金錢與生產、服務等值時候,它有對價性格;只是單純的價值抵用品。當金錢成為一種數字的聚散遊戲時候,它是賭博與投資的工具。前者有公平性,後者不具公平性;前者不具風險,後者具有風險;前者不引發貪慾,後者引發貪慾。有人認為,金錢是萬惡淵藪;這句話應該如何理解,可以思過半矣。

說信仰

　　信仰（belief）有狹義的定義。它常常與宗教（religion）綑綁在一起；認為是宗教的前身；在學術上，信仰被解釋為沒有嚴謹的組織、會所、教義、儀式的宗教。信仰與宗教有一種共通性，它們都包含了崇拜。崇拜是很情緒化的事。

　　信仰也有廣義的定義。信仰就是相信，並且深信不疑。這種相信，超逾了理智。它是意志與感情結合的產物。這個角度下，信仰與迷信（superstition）並沒有很大的差別。

　　意識形態（ideology）總被視為不好，因為它是僵化的信念；堅持所相信者為真理。任何信仰，其實都是意識形態。有人信仰政治，認為政治可以控制一切。有人信仰金錢，認為金錢可以收買一切。有人信仰暴力，認為暴力可以解決一切。有人信仰科學，認為科學可以解釋一切。當然，還有人信仰宗教，認為宗教是一切的最後歸宿。這種對某一單獨事項，極度固定的信念，都是意識形態。信仰，就是相信自以為是的真理。

　　相信，是一個對與錯問題。人類相信對的，不相信錯的。可是，對錯又如何判別呢。任何判別，都是主觀判別。這個世界，沒有絕對的對、錯客觀事實；所有人類以為客觀的，都是主觀思維後的認定。真理應該是客觀的；然而，人類主觀地，認定周遭的客觀，認定周遭

的真理。

　　說到客觀，就要說到科學。科學提供了通往客觀的方法，並不表示它可以準確陳述客觀。綜觀科學的發展史，科學對於外在世界，做了很多表述。但是這些表述（理論）被推翻的，不在少數。今日，對世界的客觀理解，顯然不同於五百年前，更不同於兩千年前。科學真理，不斷的今是昔非。未來科學必然推翻今日科學，給客觀世界一個新樣貌。人類長時間，信仰著不斷改變的真理，並且還要繼續下去。

　　信仰，就是深信不疑。科學真理，都這樣對錯難分，不斷改變；何況人文世界的真理。然而，信仰是一種奧妙的心靈活動。因為，如果什麼都不相信，表示這個世界毫無意義。人類需要深信不疑的信仰，才能連結生活上各種事物，解釋其背後意義。信仰，能夠讓人類自以為是的活下去。

　　事實上，人類信仰的各種（科學與人文）真理，都是時間中的階段性真理。所謂階段性，就是會變化，不恆常的意思。但是人類壽命短，只見各個階段；認為各個階段，都是不會變化的永恆。

　　道家與佛家，都喜歡講真理、客觀的不確定性。（非常近似量子力學 quantum mechanics）關於這個說法，《老子》「道可道，非常道」，（可以定義的真理，不是真理）以及《金剛經》「凡所有相，皆是虛妄」，（所有客觀呈現，幻化不實）都是很好的註解。

　　如果要談信仰，恐怕放下所謂的真理與客觀，是一個切入點。

說幽默

　　幽默，是人類的特有行為；動物沒有幽默感，因為動物沒有文化。(如果感覺到動物幽默，那是擬人化結果) 幽默與文化的關聯，十分微妙。幽默是文化的表現，文化是幽默的資糧。幽默不是滑稽。滑稽沒有什麼內容，幽默可以含義深長。

　　沒有文化的人，沒有幽默感。幽默為暗示與譬喻的產物；要懂得暗示、譬喻，必須旁徵博引；引用相關例子，烘托真正意思。這種作法，英文叫做「打樹叢」beat about the bush。再翻譯回中文，就是拐彎抹角、兜圈子。這個拐彎抹角兜的圈子，可不容易。它要大量的文化知識作支撐，並且，這些文化知識，在幽默的施受雙方，都得具備；才能引發共鳴。因此，有文化與無文化之間，不能產生幽默。不同文化之間，不容易產生幽默－有時候，因為暗示、譬喻的內涵不同，而適得其反。

　　幽默，是兩造的共鳴。因此，即便有相同文化，也不一定理解幽默。因為，理解幽默的「打樹叢」，要有聯想力。(association) 而聯想力並非人人具有，聯想力是一種腦子活動，與智力有關係。幽默，是高來高去的表達方法。幽默，沒有想像中簡單。

　　再者，幽默的目的，並不僅僅是理解，而是讓人發笑。人類發笑，與虐待心理有關－由他人的愚蠢與受害引發。單純愚蠢，沒有造

成受害，不令人發笑。單純受害，不因愚蠢而造成，也不令人發笑。幽默，是高級心理學：幽默的人，把愚蠢和受害巧妙結合，輕易的觸動人心，引人一笑。

社交與外交場合，最需要幽默。所謂「罵人不帶髒字」，與幽默有點接近－幽默離不開諷刺與調侃；幽默是怎麼回事，可以思過半矣。（「謔而不虐」，是幽默的分寸）就某種層次而言，幽默是一種兵法。適當的使用幽默，能夠化干戈為玉帛；也能夠主客易位，反守為攻。社會上，有幽默感，讓人不敢輕視。因為在雲淡風輕中，可能不經意的挨「修理」。並且，還很難反擊。幽默的最高境界，是先「幽自己一默」；在別人沒有防備的時候，「幽他人一默」。

幽默，是語言（文字）的精緻表達。使用不當，則會產生「肉麻當有趣」之感。使用不當，則會產生「自己不尷尬，別人很尷尬」局面。那種笑不出來，又不得不陪笑的情況，很是困窘。

有幽默感的人，是人群中的隱藏領袖。他們透過可笑的方式，讓人群一團和氣，進而傳達自己意見，左右他人想法。這種自娛娛人的溝通方式，是人類長時間累積的心理經驗。

近代是一個重文明，輕文化的時代。人類發明機器，爾後向機器學習。機器的特長是準確，人類的溝通，如果處處要求理性準確，便沒有幽默的表現空間。未來，或者是一個有文明、無文化的時代。那個時代，幽默也將漸漸消失。

說思想

　　思想，總是讓人想到哲學。也許在學術界，也有很多人持這種看法。實際上，思想和哲學不是很一樣。

　　哲學，是有系統的思想；目的是建構完整思想系統。哲學家有一種形象：坐擁書齋、滿腹經綸－典型學院派（academic）。哲學是非常重要的學問，但是，問題出在系統這兩個字。系統就是結構，哲學家常常為了結構完美，而犧牲一些不能納入結構的部分。因此，哲學家和藝術家有類似地方，藝術家通過色彩，完成美麗的視覺作品。哲學家通過思考，完成美麗的觀念作品。也因此，哲學讓人覺得流於空想，與現實格格不入。人類很難根據哲學生活。例如：藝術哲學（美學）是哲學，藝術家不能根據美學畫出一幅畫。歷史哲學是哲學，歷史家不能根據歷史哲學寫出歷史。

　　思想則與此不同，思想沒有很嚴格完整的系統。思想，基本是由現實生活而累積出來的想法。思想源於生活經驗，或者說，實際例證。因為經驗與例證，思想有一些歸納過程。（哲學與科學的最大分別，是哲學偏重主觀演繹，科學偏重客觀歸納。如果說，思想比哲學較有科學性，似乎也是可以的）

　　正是因為思想源於生活，它不像哲學要求普遍真理；而是不同的人，有不同的思想。思想之不同，基本可以用階級劃分。上層、中

層、下層各有各的生活方式。以中國為例，先秦的法家，代表了社會上層（貴族）思想。儒家，代表了社會中層（官員）思想。墨家，代表了社會下層（庶民）思想。道家最特別，代表了出離社會的遁世（隱者）思想。法、儒、墨、道思想如此不同，因為不同階級的人民，活在不同的世界裡。從這一點看，哲學家希望獲得人類生活的普遍規律，是緣木求魚了。

　　思想與其他文明文化一般，重要的是傳承。思想的原始傳佈，應該是語言。不過語言傳佈範圍有限，真正思想發展，還是要在文字出現以後。這裡可以看出一個現象，那就是社會上層思想，顯然影響力大於下層。因為下層社會對於文字的掌握與傳播，都居於弱勢。思想要能夠傳播久遠，要靠上層社會，特別是政治力的推波助瀾。
　　正是因為政治力的介入，凡是為政治注意的思想，必然扭曲；必然扭曲至合於政治的施政要求－所謂主流思想，即是政府認可的「標準」（無害）思想。古今中外，皆是如此。思想與政治走在一起，是思想家的悲哀；卻也無可奈何。

　　思想不是嚴格的哲學，它會隨時變化，與時俱進。思想是生活產物，社會改變了，就需要不同的思想。思想變化和社會變遷，有一種供需關係。「實踐是檢驗真理唯一標準」這句話，在思想變化上，是顛撲不破的道理。

　　思想與哲學不大一樣。思想是生活的淬煉，哲學是專家的作品。

說政治

政治（politics）常常為人誤解為與政府（government）有關，事實上，這是兩件事情。政府是一種人類社會的管理機構，它與行政（administration）的關係大；可以說，政府只是辦理國家行政的一種機構。政府（或者所有團體的管理單位）設置的原因，基本上是處理該團體的經濟問題；也就是經濟的分配問題。有很多政府處理的事情，例如安全、教育、醫療等等，看似與經濟無關。實則任何事情的規劃與實施，都是一種經濟問題－術語上稱之為預算。

為什麼政治常常被誤解與政府有關呢，那是因為政府掌管經濟，手中握有大量資源。當政府人員處理這些資源的時候，出現私心，而不能公正的分配資源；這時候，就會出現所謂「搞政治」（politicize）手段。它是通過不透明的運作，而達到交換利益的目的。這裡面，就有人因為「搞政治」而得到不正當利益，有些人因為被「搞政治」，而蒙受損失。政府對於人民影響極大；它裡面有人「搞政治」，動見瞻觀，最受人非議。事實上，「搞政治」這件事並不僅僅存在於政府。它是人類獨特社會下的一種普遍行為。我們說一個人「搞政治」，並不是說他管理行政。

動物有獨居與群居兩種。獨居動物自然沒有政治可搞，群居動物也沒有政治可搞。因為，動物崇尚暴力解決問題；牠們之間，少有妥協、交換動作。對於經濟（食物）的共享，大多由最具暴力者獲得優

先權力，然後依照暴力（力量大小）程度，依次食用。動物沒有人類的「搞政治」動作。

　　人類的群居社會，遏止暴力鬥爭，而有特殊的謀略鬥爭。所謂謀略鬥爭，就很有「搞政治」的意味。謀略與暴力相反，是一種陰柔而非陽剛的鬥爭方式。它的特點，就是不暴露自己的意圖，暗中行事，獲得好處。因此，「搞政治」都是檯面下的動作，不能示之於眾。「搞政治」可以說和陰謀詭計是同義詞。可惜人類文化，對於「搞政治」似乎有一種中性的評價。認為「搞政治」而得以成功，也算是一種本領。

　　鬥爭，是生物的求生要件。強凌弱、眾暴寡是動物的生存方式。這種取決於力量強弱的暴力，不能不說隱隱有一些公平性。（動物界如此，物理界也是如此）強與弱的競技場，是明白敞亮的。然而人類「搞政治」這件事，是通過暗中謀略，打破強弱之間的必然性。其中顯然有不公與欺騙成份。

　　如果說，「搞政治」的人就是騙子，似乎不合於社會認知。然而，「搞政治」的人與騙子並無二致。但是，騙子會受到法律制裁。「搞政治」的人不會受到法律制裁，只會受到一些（不痛不癢）的社會議論。「搞政治」，是人類社會的一個盲點與灰色地帶；也是人類文化的一個顯著特色。

說科學

　　人類有兩種了不起的成就，一個是科學，一個是藝術。科學是文明的主要內涵，藝術是文化的主要內涵。因此，對於人類的歷史，有兩類獨立的研究領域，（授予碩博士學位）一是科學史，一是藝術史。

　　科學是理解事物的方法，它的本質是邏輯推論。哲學也是邏輯推論；但是，科學與哲學不同，科學推論以數學為基礎；它的推論，比哲學嚴謹的多。為了求嚴謹，科學還有哲學沒有的法寶，那就是驗證。沒有經過驗證的科學，只能稱為科學理論，與哲學理論沒有太大的差別。經過反覆驗證的科學，才是真正的科學成果。因此，科學以推論為始，以驗證為終；驗證，是為了確認推論具有共相。共相的相反是殊相；共相是真理，殊相不是真理。

　　推論與驗證，就是科學的方法。基於這個方法，自然科學中的物理、化學算是純粹科學。生物學、醫學、心理學，因為無法反覆驗證－或者經過反覆驗證，卻總是有例外－僅能得到可接受的統計數字；所以只可稱為「類科學」。至於人文社會科學，離開真正的科學，距離就更遠了。

　　從生物學、醫學、心理學不是真正的科學看來，凡是與生物（尤其是人類）相關的現象，很難以科學方法嚴格的理解。人類行為之所

以難以理解，是因為人類的思考模式中，最特殊的就是想像力。（imagination）想像力是有推論性格的空想，是未經驗證的推論。

這種空想或者想像力，佔據人類思惟的大部分。這種空想與想像力，凝聚成人類文化的大部分。其中以文學、藝術與宗教為大宗。文學、藝術與宗教，形成了人類生活中的重要虛擬實境。（virtual reality）人類迷惑於這些虛擬實境，並且依賴這些虛擬實境。對於多數人而言：科學的真，並沒有那麼重要；虛擬的假，更為重要。這種以假為真的取向，是人類最難捉摸的心靈活動。

存在決定意識，是長久以來的科學認知。二十世紀的量子物理，發現存在雖然決定意識；但是某些奇特的區域中，意識似乎決定存在。（量子糾纏）人類的心靈活動，明顯是假。但是這種主觀的假，好像也能在冥冥中，主導客觀運作。這種無中生有、弄假成真現象，原來是完全不被科學接受的。二十世紀以後，這件事變得有些模糊。

心靈與意識，是科學最不容易碰觸的部分。但是，並不是說它們與科學截然劃分為兩個領域。人類主觀的虛擬世界，如果影響客觀的真實世界；那也必然有科學上的解釋。只是在今日的科學架構下，那種解釋還沒有出現。科學只是方法；沒有科學解釋，是因為還沒有解釋的方法。虛擬與真實的關係，主觀與客觀的關係，是未來科學的最大挑戰。畢竟，人類只能依靠科學，往未知的世界緩步行走。人類不會退回原始巫師的位置，在篝火邊喃喃自語。

說美醜

美醜是人類的大問題,涉及到很多社會關係,包括求偶行為。一般而言,動物對於美醜要求不高。動物的社會關係與求偶行為,基本上取決於強壯因素;畢竟動物的優秀與否,由暴力決定。當然也有例外,特別是有些鳥類與魚類,會在求偶期間,展現外表美麗,吸引異性。

人類的美醜,實在是一個習慣問題,而沒有標準。一般而言,美醜隨著時間、空間與文化而不同。例如:中國的漢代趙飛燕那麼瘦,唐代的楊貴妃那麼胖,到底誰美呢。可見時間不同,美醜標準不同。又例如:中國古代以纏足為美。西方古代以束腰為美,到底誰美呢。可見空間不同,美醜標準不同。今日,以身材比例為美的情況下,某些原始部落以紋身、身體上打洞為美;泰、緬之間的長頸族,在脖子上套金屬圈圈,以脖子變長為美;到底誰美呢。可見文化不同,美醜標準不同。

對於美醜無標準這件事,《莊子》說的最好。莊子說,一個美人,大家都喜歡;可是魚看見嚇跑了,鳥看見嚇飛了;這就是標準不同的原因。(這個故事,後來扭曲為「沈魚落雁」這個成語,專門形容美人了)

雖然美醜無標準,但是在相同的時間、空間與文化中,還是有標準。(或者說有偏見)這個標準由誰主導呢,古代由政治人物主導。

趙飛燕與楊貴妃,都是帝王的女人。因為政治影響力,帝王喜歡的標準,就成為眾人的標準。《墨子》有「楚王好細腰,宮中多餓死」的故事。形容眾人對於帝王的愛好,瘋狂地跟隨。流風所及,今日英國王室的衣著打扮,不是還對流行有些影響嗎。

二十世紀後,情況不同,美醜標準,由商業主導之。無論服裝設計或者選美大會,都是大型的商業展演。在媒體的推波助瀾下,那種標準,快速遍佈全球。

只是,商業講究推陳出新,美的標準不斷轉換。各種時尚之間,相互矛盾。弄得不知要遵從什麼標準。最後,出現了「自信就是美」的說法。這種說法,打破了美的標準,讓對美醜特別關心的人,鬆了一口氣。當然,「醜人多做怪」的情形,也層出不窮。

百年之前,有一種學問,叫做美學。(aesthetic)這種由歐洲發展出來的學問,認為美醜有一定標準;那種標準,就是西方人的標準。隨著西方人的世界擴張,其他各洲民族接受了這個標準;越看西方人(的文化)越美,越看自己人(的文化)越不美。就國際戰略而言,這是一種認知作戰,一種心理作戰,一種洗腦。但是,西方力量如此強大,也無可奈何。

美學這個學問,原本是西方帝國主義的側翼。現在,處處可見美學二字的濫用,(包括俗氣的商業看板)殊不知這種學問在科學(特別是心理學)解析下,早已沒落。只有少數大學的哲學系中,偶見殘存。

說修行

　　修行，不是大多數人接受的事情；因為，修行似乎與吃苦有關係，大多數人不願意吃苦。修行是不是吃苦，很是難說。不過，修行有一些勉強自己的意思。

　　修行與宗教的關係密切。然而，修行是東方宗教的觀點；西方宗教，並不強調修行。東方宗教的出家僧侶，或者在家信徒，常常被稱為修行者。

　　東西方宗教，有一個重要不同。西方宗教認為接受（承認）神祇就可以了，東方認為接受神祇意義不大；因為神祇並不一定接受你。這種認知十分有趣：兩個有相同信仰的人衝突，神祇幫助哪一個人？理論上，神更可能幫助「祂接受你」的那個，而非單單「你接受祂」的那個。神祇為什麼接受你呢，因為你與祂的波段（band）是契合的。

　　在今日的科學氛圍中，神祇可以是外星高等文明，也可以是宇宙無形波段。那種未知的和諧與平靜，也許即是神明的真實面貌。這種把宗教與科學相結合的傾向，給了宗教復興的契機；也讓純然的唯物者，變得謙虛一些。

換言之，你服膺祂的教誨，與祂走在一個道上。因此，接受（承認）神祇存在並不足夠；重要的是接受祂的教誨，改變自己。改變自己，就是修行。改變自己，有勉強自己的意思；修行並不簡單，它與毅力

有關。

　　修行的本質,就是毅力鍛鍊。因此,很多大修行者,看似柔弱,實則堅強。這種鍛鍊,不是外在爭鬥,而是內心爭鬥。內心爭鬥極為困難,必須面對固有的偏見與惰性。所謂「最大的敵人是自己」,便是此意。在宗教而言,這種毅力鍛鍊,常常稱之為戒。戒這個字,是戈與盾的組合,有防禦、禁止的意思。放在修行上,也就是自律。(self-discipline)修行是通過自律,打破慣性,停止對自己做無益的事情。

　　戒或者自律,可以有兩個鍛鍊面向。一個是對於各種行為的約束,一個是對於各種心情的約束。前者,或可以稱為「事戒」－不做不好的事情;例如:殺、盜、淫、妄。後者,或可稱為「心戒」－不昇起負面的心情;例如:哀、怒、惡、懼。後者的修行更為徹底而根本,也更為不容易。

長時間以後,修行者的性格會發生改變。求性格改變,而擁有不一樣人生(命運)是修行的基本目的。

　　然而,人需要改變性格麼,這個問題很有趣。在極端個人主義理解下,人不需要改變性格。改變後,就不是原來的自己了。這種說法,有些無知;因為生物界的物種,都是不斷改變自己,形成更為適合生存的樣貌。這種改變,就叫做演化。(evolution)修行,可視作神祇賜給人類的大智慧;把千萬年的長時間演化,壓縮在短時間的幾十年裡面。在人的一生中,自行演化,得以更適合生存。修行有一種生物學上的意義。而這種合於科學的生物演化,竟然存在於神秘的宗教行為中,也是不可思議。

修行是一個宗教術語。它認為完整的宗教經驗，來於他力（神祇）於自力（個人）。除了神祇加持，還要自己努力。

說哲學

哲學，基本是西方產物。它的目的，在尋找放諸四海的原理原則。民國時代大學者錢穆說：中國沒有哲學家，中國只有思想家。誠然，中國沒有專業的哲學家。諸子百家都有自己的專業，透過個別專業，思考可資利用的原理原則。

思想與哲學很相近，但是又有差別。最大差別，在於哲學是純理論性思維，思想相對重視實際效用。這個差別，有那麼一點點，接近科學中的理科與工科。

科學與哲學，原來是不分家的。古希臘的科學家，也多被列入哲人之林。現今大學授予的博士學位，無論文科理科，都泛稱為哲學博士。（Doctor of Philosophy 簡稱 Ph.D.）可見早期科學哲學同源的痕跡。

科學與哲學分道而行，大約自文藝復興始。科學的興起，讓科學從哲學中脫離出來。科學不但是有系統、有結構的想法，同時要求這種想法可以驗證。最後，要求驗證這件事，成為科學最大特色。凡是可驗證的想法，偏近科學。不能驗證的想法，偏近哲學。

可驗證與不可驗證，是說服人的重要依據。可驗證與否，涉及思考方法，涉及怎麼想事情。想事情，主要依靠邏輯串連。基本上，科學的邏輯，是歸納法。也就是通過多次驗證，歸納為一個結論。如果

有一些驗證，不能成立，這個結論便不能成立。

然而，哲學的邏輯，是演繹法－也就是推論。哲學家先假設一個命題，（例如：善惡的報應、人死了去哪裡）然後逐步推論。問題是，無論推論如何嚴謹，如果命題是假設性的，那麼，錯誤（或者想像）命題下的推論，又有什麼意義呢。同時，哲學推論難免偏頗－為求命題的成立，凡是不合命題的例證，必然被忽略。因此，哲學推論類似辯論比賽，是有目的性、有預設立場的推論；因此常常流於詭辯。（西方早期哲學家，多是厲害的演說家與辯論家）

科學目的，在追求普世的客觀真理。哲學目的，在建構普世的主觀世界。這一點，讓哲學家很像藝術家。藝術家不追求真理，只希望製造一個完美的（感官）作品。哲學家也不追求真理，只希望架構一個完美的（思維）作品。如果哲學家的動機，類似藝術家；那麼哲學只是一種創作；必然距離真理遙遠。

科學興起後，科學（歸納）方法，取代了哲學（演繹）方法。因為思考方法不同了，思考的範疇，也發生變化。一般而言，哲學包括幾個大項目：邏輯、知識論、倫理學、形上學。這些項目，在文藝復興後，逐漸被分門別類的探討。今日大學中的各種自然科學、社會科學，綜合起來，就是古代哲學關心的所有問題。換句話說，通過自然科學與社會科學的複雜分科，哲學專業，已經所剩無幾。

因為方法被取代，範疇被瓜分，哲學沒落了。今日的哲學研究，基本上是哲學史研究－研究古代的哲學與哲學家。哲學很難再有創新。

說恐懼

恐懼是一種重要的情緒。恐懼的作用,是為了趨吉避凶。動物見了比自己強大的獵食者,必然感到恐懼。因為恐懼,而知趨避,得以免去危險。動物如果沒有恐懼感,不能覺察危險,在自然界不能生存。有的動物因為恐懼,有裝腔作勢的舉動。但是,如果對方更為強勢,也就逃走了。俗話說「會叫的狗不咬人」,就是這種裝腔作勢。

恐懼經由經驗而來。沒有經驗者,不知恐懼。所謂「初生之犢不怕虎」。其結果,也就是被老虎吃掉。如果沒有被吃掉,下次就怕了。因此,恐懼雖然是一種情緒,卻與記憶相關。凡是記憶不行的動物,恐懼感弱;那是取決於大腦的能力與否。一般說,魚的記憶只有七秒鐘。如果拿棍子在魚缸裡攪動,讓魚驚恐;幾秒鐘以後,就恢復了悠遊自在;拿食物餵牠,依然過來搶食。便是如此。

恐懼與記憶有關,也與推理有關。對於眼前的危險,基於過去的記憶,而對未來作出推理。前思後想之下,恐懼感油然而生。所以,越有智慧的動物,越知道恐懼。人類為萬物之靈,人類是最懂得恐懼的動物。人類之中,聰明的人,又較愚笨的人懂得恐懼。原因是,愚笨的人,推理力弱;不能推理未來可能發生的事件。「未雨綢繆」,是聰明的人;「臨渴掘井」,是愚笨的人。

事件來的太突然,來不及記憶與推理,則有不發生恐懼的可能。所謂嚇呆了,嚇傻了,就是這種情況。來不及反應,其實就是腦子來

不及記憶與推理。

　　佛家很少說恐懼，而說煩惱。其實，煩惱就是恐懼；煩惱是各種大大小小的，包裝過的恐懼。當記憶與推理，過分發展時候，會在心理上產生變態。心理學說的恐懼症，便是對無關緊要的事情，作過當而無根據的推理。這種恐懼是空想出來的。它不但不能趨吉避凶，反而給自己造成困擾，給他人造成麻煩。

　　人都有煩惱，也都有恐懼。這個問題，在社會上並不少見－只是程度問題，要不要吃藥、要不要看醫生問題。在醫學沒有現在發達的古代，宗教是對付恐懼的一大療癒工具。世界宗教，有一個共同特點，就是都談及死亡。（道教有點例外。傳統道教不談死亡，而是希望不死，成為仙人）死亡是人類的最大恐懼，如果連死亡都不怕，日常的各種煩惱，就無足輕重了。《心經》說「菩提薩埵，依般若波羅密多故，心無罣礙，無罣礙故，無有恐怖，遠離顛倒夢想，究竟涅槃」。常人多以為《心經》講的是不分別。事實上，不分別是方法，「無有恐怖」才是目的。恐懼的存在，與宗教的存在，有因果關係。

　　恐懼，是一種記憶與推理的結果；是腦子發達的副作用。（side effect）希望減少恐懼，消除恐懼，始終是科學家與宗教家的一個大題目。

說時間

　　時間的意義,在於空間中的物質,發生變化。如果物質不變化,時間沒有意義;多久都是一樣。也可以說,物質變化了,才顯示時間過去了。如果不觀察物質變化,感覺不到時間變化。這個物質變化,可以是宇宙運行,可以是生命盛衰。

　　時間,是透過觀察變化而賦予意義的。有人認為,時間有起點;時間自宇宙出現那一刹那開始。這句話,不是好推論,沒有說服力。宇宙產生之前,是一個沒有宇宙的變化停滯期,那個停滯期可能千千萬萬年。因此,不能說沒有宇宙,就沒有時間。如同不能說,一個人出生之前沒有時間。只是那個時間觀察不到。時間通過觀察而有意義;但是,即便不觀察,時間還是在那裡流動。

　　孔子看見流水,說「逝者如斯夫,不捨晝夜」。流水與晝夜,就是孔子的觀察點。孔子不觀察流水與晝夜,沒有時間逝去的感覺。然而,時間並不因孔子觀察與否而停止。

　　有意義的時間,與觀察,觀察者有關。無意義的時間,則從來沒有停止過－沒有開始,也沒有結束。東方人對無始無終這件事,經過諸子啟迪,容易了解。西方人對無始無終這件事,不容易了解。特別是《聖經》一句「我是阿爾法,我是歐米伽」。(我是開始,我是結束)形成桎梏,不得跳脫。

對於生物而言，時間與生命息息相關。生命有限，時間也有限。（因為之前之後，皆不得觀察）個體生命的時間有限，物種的生命也有限－各個物種，終將演化為其他物種。人類的時間，有時候也稱作一生。

《易經》是專門講人生變化的書籍。少有人注意，《易經》是講時間的書籍。由爻而爻，由卦而卦；所有變化，以時間為主軸貫穿之。（好似一串糖葫蘆）因為重視時間，所有事件就不在片面（一個糖葫蘆）而在整體。（整串糖葫蘆）思慮自然周到嚴謹。《易經》提出「時中」觀念，一句話把《易經》講完了－時時作觀察者，掌握變化，得出合乎時宜的選擇。換句話說，絕不停留在固定（一個糖葫蘆）上面。所謂「與時俱進」便是此意。

《金剛經》是專門講佛家之相的書籍。少有人注意，《金剛經》也是講時間的書籍。《金剛經》的「凡所有相皆是虛妄」，一句話也把《金剛經》講完了。為什麼相是虛妄的呢。因為相時時變化，不得捉摸。相所以時時變化，不是源於時間流轉嗎。釋迦摩尼看見了時間，因而對每一片段的時間（所呈現出的相）以為虛妄。套用前面《易經》的例子：釋迦摩尼認為每一個糖葫蘆都是虛妄的，不真實的。同時，他更進一步，認為整串糖葫蘆也是虛妄的。

認為時間變化是虛妄的，是無意義的，讓佛家走上出世的路子。認為時間變化不是虛妄的，是有意義的，讓中國走上入世的路子。

說真假

關於真假,有科學說法與社會說法。科學上,耀眼的金屬,是金子還是黃鐵礦呢。美麗的石頭,是美玉還是蛇紋石呢－科學上的真假,基本都可以清楚分辨。但是,如果有人拿黃鐵礦,告訴你是金子;拿蛇紋石,告訴你是美玉,就是社會說法了。社會說法的真假,相當複雜。

社會上的真假,由兩種情況造成。第一,動機。第二,認知。前者與欺騙無異,惡意主導。後者,由於無知與固執,以假為真。比方說,古董商為了賺錢,賣假古董,是動機起作用;收藏家以為眼力好,買假古董,是認知起作用。

動機問題,不值得深論。認知問題,講來則有一些無奈。認知上的真假,會因為時間而變動。量變而質變這個公式,描述時間與真假的關係,確切不過。通過時間,因為認知不同了,真的可能變成假的,假的可能變成真的。

就人物而言,男女間的交往,是個好例子。兩人相愛,後來不相愛了。這個事情,沒有惡意動機,但是隨著時間推移,量變而質變－認知改變了,真假模糊了。就事物而言,理念的堅持,也是個好例子。一生堅持的理念,最後放棄了。這個事情,也沒有惡意動機,但是隨著時間推移,量變而質變－認知改變了,真假模糊了。

時間,是真假模糊(甚至顛倒)的最大成因。如果深思,便會發現:真假並非人物、事物的客觀屬性,而是時間推移下的主觀假相。

人世間的真與假,總是讓眾生煩惱。《心經》中的「不生不滅、不垢不淨、不增不減」,就是對付假相－以不相對、不分別來解決煩惱。《心經》提出三種不相對。(南朝禪宗先驅寶誌和尚,作《十四科頌》,把不相對、不分別擴大到十四種)不相對、不分別是佛法的基本精義。當然,真與假的相對與分別,也要滅除。

真假隨時間而模糊。《金剛經》說的最好「一切有為法,如夢幻泡影,如露亦如電,應作如是觀」。夢幻、泡影、露水、電光,都是不能長久,隨時間而消亡的東西。佛學一如物理學:萬事萬物皆隨時間改變,沒有固定性格。所謂假相,是指人類的所感、所知,不過是時間中的一個段落,一個片面,變化不已。就如同依序排列的相簿,隨意翻檢,似真似幻。相簿中的剎那真實,早已成為永恆虛幻。

任何個人、社會的真假問題,最終都會成為模糊的,不真不假的,沒有意義的幻相。因此《金剛經》又說,「凡所有相,皆是虛妄」。社會真假,不需要計較,為了無意義的幻相而煩惱,是多麼划不來的事情。

佛家對於真假與相的理解,講的真好。但是,佛家很少說相的形成,以及其所以虛妄的原因。那個原因,就是時間。對於時間問題,《易經》比《金剛經》闡述的清楚。

說神話

　　神話（myth）本指政治神話。今日，它的意涵鬆動許多－例如愛情神話。至於說，把神話音譯成迷思，就更讓它的本意模糊不清了。神話，是古代政教合一下的輔政工具。它的出現，晚於祖先崇拜與圖騰崇拜。

　　祖先崇拜，是家庭（家族）中，家長與祖先的連結。因為家長有祭祀祖先的主祭地位，有與祖先溝通的機會，而在家庭中提高了權力；提高了權力的神祕性。

　　家庭擴大為部落後，部落酋長講祖先崇拜，不再有意義。因為部落中每一家庭，都可以從事祖先崇拜；酋長的神祕力量，不能凸顯於眾人之上。權力依靠階級，沒有階級，就沒有權力。圖騰（totem）崇拜於是出現。圖騰，是部落的共同祖先。圖騰崇拜，是酋長與圖騰的連結，因為酋長有祭祀圖騰的主祭地位，有與圖騰溝通的機會，而在部落中提高了權力；提高了權力的神祕性。

　　人類社會組織，由家庭而部落，由部落而國家。國家的政治領袖，同樣需要以教輔政。但是，國家領袖再講圖騰崇拜，也不再有意義。因為國家中每一部落，都可以從事圖騰崇拜；國王的神祕力量，又不得凸顯於眾人之上。因此，國王必須再次尋找神祕力量，尋找他人不能跨越的階級。這時候，神話就上場了。

祖先與圖騰，都是鬼而不是神；他們與崇拜者有（家族或氏族上的）血緣關係。神話中的神，便不是如此。祂是不同於人類的超能物種。早期神的出現，並非單數，而是多數，稱為眾神。眾神的最大特徵，是祂們組合了一個朝廷，稱為天庭。眾神之間，存在一種奇異的政治關係。

　　西方，以奧林匹克神話出名。它以國王宙斯為核心形成政治體；有皇后海倫，王子阿波羅，臣子戰神、火神、酒神、牧神、海神等等圍繞之。東方，以玉皇大帝神話出名。祂的臣子更是眾多，包括大鬧天宮的孫悟空；原來職稱是「弼馬溫」，西天取經回來後，加封為「鬥戰勝佛」。

　　神話中，眾神形成朝廷，很有深意。虛幻的天庭，對應了實際的朝廷，暗示了國家體制的合理與合法。也即是說。國王統御百官的制度，並非憑空杜撰，而是模擬了神的制度。國家，是天國的一個複製品。（copy）

　　神出現後，重要的事情，便是在崇拜過程中，如何獲致權力：國王們便開始了造神活動－把自己與眾神之間拉上血緣關係。希臘國王為半神半人，埃及國王為太陽神之子，中國國王為天子。（天的兒子，即神的兒子）他們都稱自己有神的血統，在祭祀神的儀式上，有絕對而唯一的資格。神秘力量，由此再度展現。

　　神話是古代政治謀略；現在，被視為文學之一種。事實上，神話

的確是充滿文學想像的政治謀略。政治與文學（藝術）所造成的假相，從古至今，並無二致。

說迷惑

迷惑，是一個很籠統的描述。造成迷惑，可以有很多原因。

基本上，動物不迷惑。求偶與覓食，是動物的基本生活。它的過程，短暫而激烈－性交與獵殺。可以說，動物沒有迷惑的時間；一旦迷惑，就錯失機會。動物比人類理智的多；生存是艱困的，迷惑導致生存機率下降。

人類是一種動物，原來可以跟動物一樣，過著簡單的生活。但是人類腦子好，開始大規模群居以後，生活比動物舒適的多。舒適與閒暇，讓人類求偶與覓食相對輕鬆，也讓人類有更多時間思考。迷惑由思考而來，畢竟迷惑是腦子的問題。

在求偶方面，愛情當然是一種顯著迷惑。動物沒有時間談情說愛，速戰速決。人類談情說愛，形成各種情境記憶；這些記憶反覆出現，是愛情迷惑人的真相。如果不是時時回憶，愛情不造成迷惑；甚至，根本沒有愛情這個東西。記憶，是迷惑的重要成因。沒有記憶，沒有迷惑，一切都是當下的反應。

在覓食方面，人類獲取食物（與動物相較）太過容易。如何獲得更多食物，與他人計較這些食物（資源），成為覓食的重點。這種獲得與計較，就是貪慾。動物沒有貪慾，僅僅是各取所需。貪慾，是一

種極大的迷惑；貪慾是覬覦根本不需要的東西，以滿足精神上的妄想。（貪欲的目的，是為了與人計較，表現成就與成功；物質貪求，竟是經過包裝的精神貪求，也是令人驚異）

記憶與貪慾，都是自發性迷惑。除去主動的迷惑，還有被動的迷惑；被集體意識迷惑。這種迷惑，指的是各種文化現象。其中，以宗教為最大。馬克思說「宗教是人類的精神鴉片」。很多人把這句話與無神論劃等號，並不是事實。（俄國至今還是東正教大本營，中國至今還是佛教、道教大本營）馬克斯只是闡述了社會本質－人類的痛苦，需要尋求外力幫助。基督教、回教迷惑於未來世界，佛教、道教迷惑於未知世界。不可證實的未來與未知，極具誘惑性。

宗教迷惑以外，人類第二大的迷惑，是藝術迷惑。藝術是模仿現實世界，但是絕對不真實。在那個不真實的世界中，人類可以暫時放下現實的痛苦，獲得片刻清涼。民國初年，北京大學校長蔡元培，曾經提出「以美育代宗教」說法。雖然並不可行，但是蔡氏看見了宗教與藝術的同質性－現實之外的虛幻世界。

宗教與藝術，都創造了一種虛幻情境，迷惑著數千年來的人類。這種迷惑，可以稱為「必要之迷惑」。它的目的，是暫時解除人類的痛苦。宗教與藝術造成的迷惑，與電腦虛擬實境（virtual reality）的沈浸式體驗，完全一樣。在宗教與藝術皆相對式微的情況下，人類依靠科學迷惑自己，或將是未來的顯學。

莊子說「大惑者，終身不解」。迷惑，竟然是人類的重要特質。

說鬥爭

鬥爭是指有意識的衝突。如果沒有意識參雜其內，就不稱為鬥爭。例如，宇宙各星體，長時間裡，衝突不斷；那種由物理導致的衝突，就不稱為鬥爭。因此，鬥爭主要指生物間的衝突。這個框架下，植物各自追求更好環境，也通常不叫做鬥爭。鬥爭，有傷害的意思。

動物的鬥爭是顯然的。食物的爭奪，配偶的爭奪，都是鬥爭。這種有意志的鬥爭背後，由荷爾蒙（hormone）指導。也即是說，動物的鬥爭，有先天性與必要性。求偶與覓食，是動物得以延續生命的方法。不鬥爭，則無以生存。鬥爭是動物的特徵，是一種自然法則。

人類，是鬥爭最厲害的動物。事實上，人類並不需要鬥爭。因為在文明文化的發展下，人類自從進入農牧時代，就有了自己的封閉式食物鏈。農牧提供了基本的食物來源，不需要與其他動物直接鬥爭。同時，人類也發明了婚姻制度。該制度提供相對公平的交配權；並且避免無限制求偶－不得與配偶外的個體交配。（這一點，並不合於生物本性。生物本性，是要盡可能的大量繁殖自己後代，傳播基因）人類與動物的覓食、求偶方式不同。理論上，人類是最不需要鬥爭的動物。

人類建立的社會，看似解決了鬥爭核心－求偶與覓食問題。但是這個社會，是個非自然的奇特社會。基本上，群居動物都以家庭為單

位，各自活動。動物的群聚，大都是家庭式群聚。人類社會，是村落、市鎮、都會、國家的大規模群聚。這種群聚的特色，就是荷爾蒙衝突。大量具有雄性荷爾蒙的個體，（女性亦有雄性荷爾蒙）彼此近距離的來往，引起了荷爾蒙騷動與爆發。

距離，可以視為勢力範圍。在動物而言，任何靠近的活物，都可以當作食物或者敵人；人類當然多少也保留了這種－時時留心吃與被吃的基因。人類的群聚模式，個人活動空間太少。留心吃與被吃的覓食基因，被活化與激發了。人類社會的密集群聚，是鬥爭頻繁的重要原因。

荷爾蒙對於性慾的影響，很是重要。人類的婚姻制度，雖然保障了交配權，卻也限制了交配權。最大程度的交配可能，繁衍最多的後代，本是生物的基本使命。一夫一妻的婚姻制度，顯然與這個自然法則不合。婚外性行為，是一個社會禁忌。（taboo）它受到法律、宗教、道德的約束。凡是禁忌者，必然是受到強烈壓抑的事情。這種壓抑的發洩，演變為各種與性慾無關的衝突與鬥爭。這個問題，佛洛依德（Freud）說的最明白。

鬥爭，是一種荷爾蒙活動。人類的鬥爭強烈，源於社會制度的不自然。人類的特殊群聚性格，引發了不必要的覓食衝動；人類的婚姻制度，引發了不必要的求偶衝動。這兩種衝動，多半沒有發揮在求偶與覓食上，而是幻化做人與人之間的無盡鬥爭。社會與制度的不自然，是人類鬥爭的原因；荷爾蒙的壓抑與發洩，是人類鬥爭的本質。

說執著

　　人類的語言，常常是兩面的。不同情境下，用不同詞彙，其實意思一樣。執著就是一個好例子。說一個人執著，不是好形容。說一個人堅持，就是好形容。執著與堅持，又有多少差別呢。執著與堅持，是同樣狀態的兩個形容詞。

　　人類的文明文化，是由許多人堅持意志的結果。堅持，是一種生命力的象徵；許多人一生堅持，終於成功立業。又有什麼不對呢。能堅持的人，叫做「刻苦耐勞」。孟子說「故天將降大任於斯人也，必先苦其心志，勞其筋骨，餓其體膚，空乏其身，行拂亂其所為，所以動心忍性，曾益其所不能。」不是這樣麼。

　　但是，堅持與執著，是一體兩面。有些情況，堅持沒有什麼效果，反而造成身心不快，甚至失調。

　　第一，堅持於不切實際的外在對象上。（主要是非己所長，所謂「男怕入錯行」）那種堅持，是空洞的想像。這種堅持，是佛家說的癡。第二，堅持於不切實際的內在狀態下。（主要是年齡漸長，所謂「人老心不老」）這種堅持，是佛家所說的貪。前者走在不對的路上，後者不顧自己的身心狀態。癡與貪的結果，必然成嗔。佛家的貪嗔癡三毒，有其因果先後關係。

堅持就是執著。不切實際的堅持，就稱為執著；基本上，出自於完美主義。（perfectionism）完美主義者，多是自我中心強的人；哪怕主客觀都不適合，仍然要固執己見，勇往直前。雖然，前方並沒有什麼明顯的目標。唐吉訶德（Don Quixote）故事講的是執著，講的不是堅持。

　　佛家對於不切實際的執著，著墨最多。放下執著，也可以說是佛家學說的核心。放下執著的辦法，就是發起不分別心。不分別心，說的最好是《心經》。260個字，一半說不分別的道理，一半說不分別的益處。（能夠不分別，不執著，就是佛菩薩了）

　　不分別的意思，淺顯說：在於理解看似不同的東西，皆是同時存在的相同東西。《老子》說「唯之與阿，相去幾何？善之與惡，相去若何」。（敬與不敬，好與不好，只是看似不同，其實是相同的）這個道理，佛家的《金剛經》闡釋最清晰。它用5000多字，翻來覆去的講解「相」的奧義：所有東西看起來不同，是因為相的不同。（表相、假相）分別與執著，就是因為看見各種不同的相，便輕易認同各種不同的相；這種迷惑，叫做「著相」。不著相，就是看到相的裡面去了。發現裡面的東西，沒有什麼分別，沒有什麼可以執著。

　　這個看到裡面，看似容易，其實不容易。因為，人類的眼睛，本是接受假相的器官。宋人作的太極圖，是個思想視覺化的大發明。各半的黑與白，就是眼睛可見的相。把它旋轉起來，成了一個灰色的圓形。那個灰色圓型，對於執著於相的人，講了很多話。

　　執著於相的問題，物理家與化學家，應該更是明白；人眼所見，皆

是假相。那是可以用數學證明的事情。簡單的原子學說，便可以解釋清楚。

說婚姻

　　婚姻是人類發明的一種制度。動物沒有婚姻，原始人類也沒有婚姻。婚姻的起源與人類（一萬年來）的社會有關；人類社會是不自然的大規模群聚。（高等動物沒有像人類這樣群聚）為了應對這種群聚產生的問題，人類創造了道德、法律、宗教等規律，約束各種荷爾蒙的躁動。婚姻制度，主要是約束人類漫無限制的性衝動。（人類可以隨時發情，隨時交配，在動物界是一種異數）

　　婚姻制度，多少有分配的意味。（特別是一夫一妻制）它規定每一個人，應該有固定的交配對象。如果違反，就要受到道德、法律、宗教的譴責，甚至處罰。這種人為的分配，不合於生物法則。因為自然就是要生命作多樣交配，提供基因選擇機會。同時，在優勝劣敗的淘汰下，基因強者可以多繁衍後代；基因弱者，就不能繁衍後代，以致消滅。這種基因機制，是為了生命的不斷演化。婚姻制度，顯然抹煞了這種選擇與演化。基因強者，並不能繁衍更多後代。基因弱者，反倒因為制度保護，繼續繁衍。就長遠來看，婚姻制度可能是人類物種滅亡的原因。

　　婚姻制度造成的家庭，是人類社會的初級經濟體。男女結合成一個家庭，成就與共享經濟活動。這種活動中，生產者也就是分配者，在婚姻中有主導權。男性因為體力關係，適合勞動，長期擁有主導權。女性不從事勞動，就成了被主導的角色。所謂男主外女主內，並

不表示權力平等（母系社會，因為勞動角色互換，主導權也互換）

這種情況，到了文藝復興科學興起，而有改變。（機器代替了勞動力，女性也可以操縱機器，與男性無異）其中，尤其以教育普及，影響最大。教育的普及，讓人類經濟，從體力活動轉變為智力活動。當男女都可以接受教育，並因之得到經濟收益時，家庭的經濟來源，就由男女共同承擔。家庭的主導權，也就不再由男性獨攬。

婚姻組成家庭，家庭是社會初級經濟體，也是社會初級政治體。政治問題的核心是經濟。男性女性都是經濟提供者時，舊有的權力結構，發生動搖。男性主導經濟，進而主導婚姻的局面改觀。男主外女主內的權力模式消失了。

群體中的權力關係，是一種消長關係。女性地位提升，表示男性地位下降。這種權力升降，自然演變為矛盾。解決矛盾的方式，在近代，要訴諸民主，而非訴諸暴力。但是，民主是三個人以上的事情；兩個人講民主，是一個笑話。那只會導致各執一詞，針鋒相對。（不是「公說公有理，婆說婆有理」麼）因此，現代婚姻中，不能講究民主，只能講究妥協。妥協，含犧牲的成分。犧牲有顧全大局的意思，也有感情深厚的意思。今日的婚姻，具有高度的政治性與藝術性，恐怕非古人所能想見也。

說情緒

　　情緒（emotion）與心情（mood）不大一樣。心情是長時間的精神狀態，情緒是短時間的反應。一般而言，說一個人情緒化（emotional）是負面的說法；多半指壞脾氣。這種壞脾氣，佛教稱為「嗔」。

　　情緒是一種腦子活動，特別是大腦周邊組織（杏仁核與海馬迴）的活動。這些組織，是為了提醒或者提高生物的防衛機制。如果它們高度活動，會使生物隨時處於防衛狀態。情緒或者壞脾氣，就是這種過度的防衛態度。它與動物受到侵擾時候的呲牙咧嘴，沒有很大分別。人類情緒，是一種獸性表現。

　　情緒與記憶，有很大關係。情緒是記憶的直接反應。一個沒有記憶的人，無從把當下發生者、已經發生者做比較；所謂「初生之犢不怕虎」，即是缺乏這種比較的緣故。情緒，可以說是一種不悅記憶的放大，是一種習慣性的反應。這種放大（誇大）反應，造成自己的不愉快，也造成他人的不愉快。

　　除去腦子（杏仁核與海馬迴）本身問題外，情緒當然來於客觀環境的刺激。

　　人類社會，是極度密集的特化團體。人與人之間的相處，摩擦不斷，刺激不斷，因而產生情緒－過度防衛。情緒化的人，就是對於刺

激反應過度的人。情緒化的人,習慣這種過度反應。因為這種反應,常常「得逞」。周遭的人,暫時屈服這種反應,或者退避三舍;結果,人際關係也就弄壞了。

中國古代有文質說法。文代表後天教養,質代表先天秉性。這兩種特質,最好平衡,所謂「文質彬彬,然後君子」。如果不平衡,就會太過虛偽或者太過野蠻。對於太過野蠻這部分,孔子說「質勝文則野」─表現的像個動物。這個質字後來與直字相通。俗話說「某人很直」(很直接)就是說某人對刺激反應過於快速。中國喜歡稱這種人為「性情中人」,似乎還有嘉許的成分。事實上,性即是本能,情即是情緒。「性情中人」褒中有貶,暗指某人壞脾氣或者情緒化。

「性情中人」就是孔子口中的「野人」。(孔子學生中,以子路最合於「野人」性格。子路彈琴,孔子都批評他琴聲有「北鄙殺伐之氣」)對於「野人」,孔子的辦法是施以「禮樂教化」。禮是道德,樂是音樂。對情緒化的人講道德,效果不彰;因為,多半被「性情中人」視為教條。音樂,倒是有效果的辦法。平和的音樂,會潛移默化的,讓腦子進入平和狀態。這個道理,今日還可以應用。(其實,改變情緒的方法眾多。端看當事人願不願意改變)

生理學家有三腦的說法:人腦、獸腦、爬蟲腦。人類腦子,有過去演化上的痕跡。情緒化的人,大腦的功能,常常為週邊組織控制。如果說,情緒化的人,是不夠進化的人,也許就太聳動了。但是,好像也是事實。

人生,是由「野人」而「文人」的過程。是由「獸性」而「人性」的過程。控制情緒,是一個漫長的「自我進化」過程。

說教育

　　教育，就是傳承知識與經驗。教育，就是把別人腦子裡的東西，放進自己的腦子裡。（也可以稱為複製）這件事，是人類的專長。動物對這件事不拿手。大部分的動物，每一代都必須從頭開始；牠們也許可以傳承部分上代經驗，但是談不到知識的累積。因此，動物永遠是動物。一萬年前的諸般動物，和今日的諸般動物，沒有什麼差別。人類之所以成為萬物之靈，傳承是最重要的事情。世界上，偶有被猴子或狼扶養長大的小孩；他們的表現，完全一如動物。發達的腦子與靈巧的手，在沒有上代傳承的情況下，完全不發生作用。可見教育的重要性。人類有文明文化，完全是因為教育。

　　教育，就是經驗與知識的累積及傳播。累積與傳播，要靠語言與文字。人類如果沒有語言及文字，大約至今和猩猩沒有太大不同。牛頓說過一句名言，「我站在巨人的肩膀上」。（standing upon the shoulders of giants）那個巨人，就是人類的文明文化。文明文化的形成，靠長時間的代代傳承。有人說「教育是立國之本」，其實，教育是人類之所以為人類的根本。

　　教育與個人的發展，也息息相關。一個智商160的天才，如果不受教育，天才無從發揮。一個智商平平的凡人，如果受到良好教育，可能擁有精彩人生。尤其是今天，知識爆炸時代；培根（Francis Bacon）講的「知識即力量」更是絕對正確。工業革命時期，沒有知

識只能做工人。現代，沒有知識，可能沒有飯吃。

　　教育，基本上是一種師生關係。早期，這種關係相當封閉。因此，老師受到重視；高級的知識與經驗，流傳在上層社會，少數人之手。國民教育（始於德國）流行之後，一般人都可以接受教育。不過，最先進的（科技）知識，仍然操縱於政府高層。例如：由軍方掌握科技；爾後，在適當時機，釋放於民間。

　　在電腦與網路普及後，知識與經驗的傳承，不再是傳統的師生關係，而是機器與人類的關係。人類從電腦中獲得知識，不再從人腦中獲得知識；教育的流程被打破，師生間傳承的熱情也消失。未來教育重點，將放在知識（特別是科技知識）的流布，而非經驗（人文關懷與社會關係）的延續。這種情況，引發教育功能失調，引發文明與文化比重失調。

　　因為電腦與網路普及，特別是 AI（人工智慧）的介入，人類先進科技知識，為所有人共享。民間的科技知識，甚至超越政府。這種情況，導致政治型態的必然轉變；因為，政府不再位於知識的頂端。高級知識為一般人擁有，也必然導致社會型態的轉變；因為，各行各業的專業人士，也不再具有以往價值。

　　教育的沒落，將改變人類性格。人類，將成為有文明沒有文化的，擁有強大科技的野蠻物種。

說理性

　　人類的文明文化，基本由理性建立；至少，不是由感性建立。感性與理性相對。感性就是情緒化。感性（情緒）分善意與惡意，認為感性之人即是善良之人，對感性的理解不夠深入。

　　如果說，感性是順著感覺走；理性，則有些勉強的意思。感性與理性，是一種選擇。理性的人，可以放下情緒；作更為正確、周到的選擇。

　　十七、八世紀，因為文藝復興與科學興起，人類開始特別重視理性；在歐洲產生理性主義與啟蒙運動。影響所及，以至今日。理性，是面對問題時，多想一想。理性，顯然和思考有關。

　　思考到底是怎麼回事呢。思考是有效果的想事情；如果沒有效果，就是胡思亂想。一般人並不擅於思考，但是擅於胡思亂想。也因此，不理性的人，在社會上居多。

　　理性與邏輯關係密切。邏輯是「樸素」的因果論（cause and effect）；就是前因與後果之間，有必然性。這種不間斷的前因後果思考方式，又叫作推想或者推論。能夠不間斷思考，並不容易。下棋是個好例子。普通人的推想只有一步，職業棋手的推想，可以有十幾步，甚至幾十步。這就是邏輯的連貫。連貫而不中斷，當然和智商有

關。所謂的智力（智商）測驗，就是通過不同方式，看受驗人的邏輯能力。

為什麼邏輯要稱為「樸素」的因果論呢。因為邏輯思考中，難以加入變數（variable）。加入變數，邏輯就要中斷。因，就要導向不確定的果；也就不能順暢的思考下去了。加入變數（加入很多，甚至無窮變數），理論上，可以讓思考結果更為準確。但是，充滿變數的邏輯，充滿想像，失去必然性。前面的「樸素」二字，便是表示：邏輯並不能完善的展現因果關係。它有些粗糙，因為不容易掌握變數。邏輯的思考，稱為演繹法。除去演繹法，還有更理性的思考方式；那就是歸納法。

如果簡單的說，演繹法依靠邏輯；那麼，歸納法就依靠統計；也就是讓數字自己說話。所謂數字，即是量化。量化的觀察中，自然也有邏輯部分，但是沒有那樣重視推理，而是靜靜的等待；等待數字所呈現出的客觀事實。演繹與歸納，把哲學家與科學家的思考方法，作了基本區分。哲學家與科學家，可以說有點相對性。原因，就是思考方式的不同。

哲學家的法寶是邏輯，科學家的法寶，除了邏輯之外還有統計。因此，科學家的思考，比哲學家還要嚴密。演繹與歸納，邏輯與統計，是思考的兩個方法。歸納看似比演繹更好一些，更理性一些。但是，歸納需要可歸納的資料，才能進行統計。很多事情，並沒有那麼多的可靠資料，以資統計（特別是人文、社會科學）。人類的思考歷史，就在這兩種都不完善的方法中，緩步前行。

說責任

責任,是個人對他人的主動付出。既是主動付出,便與道德有一些關係。與責任接近的另一種付出,是義務。但是義務不主動,而是法律規範下的被動付出。例如:當兵與納稅,都是義務,而不是責任;義務有強制性,不同於責任的自發性。重視道德的社會,人民責任心強;重視法律的社會,人民義務感強－後者對於法律沒有規範者,皆不願意付出。前者則相反。

責任,看似人類文化之一環。事實上,責任也普遍存在於自然界;那就是父母對子女的照顧。生物的基本活動,是求偶與覓食。宏觀而言,求偶更為重要－甚至可以說,覓食只是為了個體持續存活,以利求偶。既然求偶與產生下一代,是生命目的。讓生命順利出生、成長,便是父母責任。這種責任,刻畫在基因的記憶上。

然而,生物的責任,並不是漫無期限。鳥類與哺乳類,多半在幼體可以覓食後,便自然與之分離。如若再度相見,也形同陌路。有些群聚哺乳類,會等到幼體(特別是雄性)性成熟時,將之逐出群體,令其自行組織家庭。因此,生物的責任,由基因主導;其時間長短,也由基因主導。

人類是一種靈長類動物,當然也不能違反規律。不過人類的哺乳期長,性成熟緩慢,父母的責任,顯然較一般動物不同。話雖如此,

生理學家認為，人類的生物責任（母愛父愛）大約是七年。日後，便逐漸淡去。民間不是也有俗話「七歲八歲狗討厭」麼。對於父母子女間的責任關係，法律也有底線。十八歲法定成年後，父母對子女沒有責任；子女的所作所為，要自行負責。

除了家庭責任，人類還有社會責任。這種責任，不是天性，而是文化教養而成。人類一萬年來（新石器時代以降）形成複雜團體；必須有一些社會責任，彼此相互關心、幫助、付出。這種責任，動物沒有。除去繁殖時期，動物個體之間，團體之間，基本上都是鬥爭關係。人類的社會，由大大小小的組織形成。組織需要剛性的法律維繫，也需要柔性的責任維繫。不屬於任何組織團體的人，責任心相對很少，甚至沒有。隱士離群索居，不屬於任何組織團體；隱士不對任何人有責任，隱士只關心自己。

人類社會組織，錯綜複雜，疊床架屋。如果組織成員間，沒有責任心，組織團體便要解體。人類的責任心，是一萬年的文化養成；也可以說是（社會化後的）人性表現。現今社會，人際關係相對冷漠，缺乏責任心。這種情況，是因為機器普遍使用的關係。機器（電腦）的特色，是執行命令，而毫無額外責任感。如果機器成為社會主體，人類成為陪襯角色，機器自然反向影響人性。責任是教導出來的文化現象。這種現象，因機器而淡化、消失，恐怕是人類始料未及的事情。

說麻醉

麻醉（anaesthetization）是一個醫學用語。它的目的，是減少病患疼痛。局部麻醉，可以讓病患（身體）局部失去知覺；全身麻醉，可以讓病患失去意識。

但是，麻醉又不全然是醫學用語。人類因為不合理的群居方式－誇張的聚集，導致男性荷爾蒙爆發，衝突不斷。人類自古以來，就懂得麻醉自己；因為，人生不是生理疼痛，人生是心理痛苦。人類的麻醉歷史，可以分為狹義和廣義兩種。狹義麻醉，指的是透過特殊物品（藥品）麻醉自己。

最早的麻醉方式，應該是飲酒。飲酒伴隨農業活動而來；酒精是糧食（水果）發酵的副產品；製造酒類，時間超過一萬年。飲酒可以產生麻痺神經的作用，並且產生愉悅。麻痺與愉悅，舒緩了心理痛苦問題。至少，短時間內忘卻痛苦。

除了酒精，利用有毒植物來麻醉自己，時間也很長。最早吸食菸草的是美洲印地安人。菸草的麻痺與愉悅，一如酒精。對於有毒植物的理解加深後，多種有毒植物都用來吸食，它非但產生愉悅，並且產生幻覺。讓人類更進一步沈醉於虛擬的世界中，不願意離去。

今日的各種毒品，就是從有毒植物這個路數而來。經過化學及工

業的提煉，它的效果更為強大，在愉悅、幻覺之外，它會成癮；讓人類沒有它便不得生活。嚴重者，導致死亡。

酒精、菸草與毒品，其實都可以歸類為麻醉品一個項目下。麻醉品的出現，與其說出於人類的墮落，不如說出於人類的痛苦。只是人類對於痛苦的感受不同，因此使用麻醉品的情況也不同。

對於理智或者意志堅強的人而言，他們不使用狹義的麻醉方式，而以廣義的麻醉方式，處理痛苦。廣義的麻醉方式，五花八門。只要有效果，便有人從事之。最常見的辦法，就是全力投入工作，成為工作狂。工作狂不是沒有痛苦，而是沒有時間痛苦。誇張的鍛鍊身體者，也是如此。他們把注意力放在生理（身體）的逐漸變化上，而忽視心理問題。有成就的專業人士，（科學家與藝術家最明顯）都或多或少靠工作麻醉自己；委身於一個領域之中，自得其樂。

麻醉看似屬於個人之事，事實上，人類也有集體麻醉現象；其中最具功效的，就是宗教。宗教是出離與想像的唯心活動。凡信仰宗教者，都認為可以出離這個世界，進入另外一個（沒有痛苦的）世界。認為可以出離這個世界，是想像的第一步；認為可以進入那個世界，是想像的第二步。沒有這個過程，沒有觸及宗教的核心。沒有這個過程，不能起麻醉自己的作用。在所有的麻醉方式中，宗教相對最沒有副作用。（除了各個宗教之間的衝突）

每個人都有麻醉自己的權力。馬克思說，「宗教，是人民的鴉片」。他說了一句準確，但是無情的話。

說創造

創造（creation）和創新（innovation）兩個字，中文看似很接近，英文則完全不同。創造是無中生有，創新是循序演變－創新，跟生物學上的演化，進化意思接近。

創造是一個哲學概念，來於推論。宗教家喜歡說創造；認為人類是上帝創造的，或者，宇宙是上帝創造的。問題是，上帝又是誰創造的呢。

創造這件事，在宇宙或者人生中，都不存在。科學家認為宇宙是由大爆炸（big bang）來的，但是大爆炸又由何而來呢。科學家認為，大爆炸之前，宇宙是密度極大的一個「奇點」。然而「奇點」又是怎麼出現的呢。創造這件事，在物理上無解。

除了宗教家外，藝術家也喜歡說創造；（特別是近代個人主義興起後）他們認為藝術是創造行為。對於創新，則有那麼一點保留。似乎在新舊的傳承間，淡化了他們的獨特性。藝術家不喜歡循序演變，喜歡「前無古人，後無來者」，喜歡在天地間獨一無二。藝術家的這種創造心理，表現出對傳統的輕視，對傳承的無視。認為自己的藝術，有完全的獨創性。藝術的創造論，有宗教意味。

創新是一個科學概念，來於觀察。創新不是無中生有，而是有前因後果的連續關係；一個舊的東西，因為各種原因，成了新的東西－所謂「推陳出新」。換句話說，創新有變的觀念；由舊的變成新的。

創造沒有這個觀念；在新的之前，並沒有什麼舊的。所謂無中生有，就是這個意思。

新與舊相對。新的出現，即表示舊的存在。新這個觀念，《禮記》的「苟日新，日日新，又日新」說的最好－每天都由一個舊我，轉化為一個新我。（一般認為，是刻在商朝銅盤上的銘文）創新，某種程度上，就是變化的意思。將自己融入變化，並且，主導變化。

有舊才有新。新舊間的傳承，是創新的基石。牛頓是曠世巨擘，但是他說，「我只是站在巨人肩膀上」。（也有人考證，牛頓之前，已經出現過類似的話）牛頓說的巨人，就是那個舊有的東西。站在肩膀上，就是傳承與轉化那個舊有的東西。各種文明文化現象，都是由舊而新，都是一連串演變的結果。創新，是演變的一個環節。

傳承是創新的準備工作。孔子在《論語》中說「述而不作，信而好古」。表示他只是傳承古人想法，自己沒有什麼新想法。這是孔子的謙虛。孔子當然有他的新想法，只是他的新想法來自於舊想法。創新，常常是（對舊有的）一個集大成。孔子又說，「溫故而知新，可以為師矣」。孔子重視舊與新之間的傳承，他的「溫故而知新」，非常類似牛頓的故事。

宇宙以至人生，都是創新（演化與進化）的而非創造的。對於人類而言，創造是狂人囈語；創新是承認牛頓所說的巨人，並努力成為那個巨人的一部分。

說智慧

智慧是什麼，可以從智慧不是什麼說起。

首先，智慧不是智商。(IQ)智商測試，多是數學測試。因此，智商是指一個人的邏輯能力。這種能力來自於天生。智商高的人，如果進入合適（需要邏輯思維）的行業，比智商低的人容易成功。有人認為智商高的人，是較為優秀的人。這種說法－認為邏輯能力，是判定人類優秀與否的標準，是科學的說法，但是不是準確的說法；不足以包含人類所有智力。近些年來，所謂人工智慧（artificial intelligence，或稱為 AI）的進展大行其道，人工智慧這個名稱，也不準確；它應該稱為人工邏輯。一個有邏輯的機器，並不是有智慧的機器。否則，機器人的邏輯運算能力，早已超過人類，早已統治人類了。

其次，智慧不是聰明。聰明可以天生，也可以來自後天學習；它是基於人情世故而歷練出來的本領。一個聰明的人，如果進入合適（需要人際關係）的行業，比不聰明的人容易成功。他可以憑藉其聰明，周旋於各種現實利害中，自保而得利。智商是處理邏輯思維的智力，聰明是處理人際關係的智力。在人類社會中，聰明大的人可以控制智商高的人。因為人類社會，並不是邏輯運算的理性社會；它由太多情緒與慾望左右之。聰明，不只是邏輯推演，而是更為複雜的鬥爭智力。因此，愛因斯坦感嘆的說，「專家是訓練有素的狗」。（其實，這句話是陳之藩在〈哲學家皇帝〉裡說的。愛因斯坦的原文中，並沒

有說「狗」，而是說「有用的機器」。a kind of useful machine）聰明是高等生物的獨有智力。所以，今日尚是人類管理機器，而非機器管理人類。

現今的科學家，非常渴望機器除了智商外，也擁有聰明；使之更接近人類。殊不知這是人類與機器鬥爭的一步死棋。如若是，機器終將控制人類，甚至毀滅人類。

智慧，不是智商，也不是聰明。智慧是對人生的一種高瞻遠矚。有智慧的人，有相當的智商，也有相當的聰明；但是，在邏輯推理與人情世故的深刻思維下，看不出人生有什麼得失；看不出人生有什麼最後目的與目標。有智慧的人，看出人生只是經濟學的零和遊戲（zero-sum game）甚至數學的博弈論。（game theory）

智商是處理邏輯思維的智力，聰明是處理人際關係的智力；而智慧，是追求人生答案的智力。有智慧的人，智力不放在推演上，也不放在鬥爭上；而是綜觀人生，得出人生答案。有智慧的人，其人生答案都很相似：一切都是過程，最後什麼也沒有，回歸虛空。東方思想中的梵、禪、道等，都是描寫這種虛空的境界。

智慧，是超逾智商與聰明的最高智力。西方人談人生，喜歡說「我是誰，從哪裡來，往那裡去」。其實人生問題，有些年紀的人，心中都有答案。接受答案，即是開悟（enlightenment）即是開啟了智慧之門。不接受答案，縱有再高的智商，再大的聰明，始終輪迴於煩惱痛苦之中。

有智慧與沒有智慧，在於一念之間，在於接受與不接受人生的真相。

說痛苦

痛苦是一種煩惱,但是二者有程度差距。痛苦是深度的煩惱。

痛苦一詞,可以拆解為痛與苦二字。(中文的字,有時等於英文的詞,中文的詞,有時等於英文的句。這是中文的文學性格－多引申與想像)痛,是身體不適。苦,是心理不適。二者本不是一件事。一般說痛苦,偏向於心理不適。本文所謂痛苦,也偏向心理不適。

動物當然有痛感;至於苦感,很是難說。因為,痛間接來自於神經,苦直接來自於大腦。動物不會說話,也少有表情;牠們不容易表達內心之苦。更重要的是,牠們大腦沒有人類發達。痛苦與大腦運作,有絕對關係。

動物的層級越高,相對大腦越發達,層級越低,相對小腦越發達。大腦主記憶,小腦主反應。動物的痛苦,是一種反應式痛苦,這種痛苦隨著反應消失而消失。人類的痛苦,是一種記憶式痛苦,這種痛苦不容易消失,並且長存腦中,形成新的記憶。

反應式痛苦,源於刺激與反應;不深入記憶;隨著新刺激來到,便有新反應。觀察動物情況,失去伴侶與子女後,因為發情刺激,便快速進入求偶模式,開始新生活。正常人類,顯然不是如此。

說大腦是人類痛苦源頭,不如說記憶是人類痛苦源頭。

記憶是奇妙的東西，它非但是巨量資料，還會排列組合－將之有系統、有意義的儲存。其中有意義的記憶，就是判斷性記憶；各種是非、善惡、對錯等等相對解釋，就會出現。人類的痛苦，即出於這種判斷與解釋。它隨時提醒人類生活中的相對－以及所形成的感覺落差。痛苦，就是那些讓人不適的感覺落差。

事實上，感覺落差，可以分為上升與下降兩種。上升落差，是喜悅－也就是得；下降落差，是痛苦－也就是失。人類所有的痛苦，都是失去的痛苦，無一例外。痛苦與失去，是一個錢幣的兩個面。

作為一個文化大國，中國沒有什麼痛苦思想。諸子百家中，不是積極（例如：儒、法、墨家）便是逍遙。（例如：道家）也可以說，中國文化雖然柔和，卻不悲觀。痛苦的概念，大約是由印度引入的。印度的佛教思想，立足於承認痛苦、免除痛苦－所謂離苦得樂。承認與免除，二者有個因果，有個次第。

中國，雖然是世界上最大佛教國家，痛苦的概念，並不深入；始終不能撼動積極與逍遙的主軸。唐代禪宗惠能說得好：「菩提本無樹，明鏡亦非台，本來無一物，何處惹塵埃」。他沒有離苦得樂的因果與次第問題；他無需免除痛苦，因為他根本不承認痛苦。凡有因果次第者，便是分別。惠能對於佛法的不分別義，有了終極體會。這是中國之幸。

倒是在歐洲，佛教的痛苦思想，一度開花結果－就是從叔本華到存在主義；那個路數，對於西方造成不小影響。這是西方之不幸。

說虛偽

　　虛偽是一個道德名稱,它大約與真誠相對。然而,虛偽(或者說偽裝、包裝)卻是由基因指導之行為。它的基本動機,在於覓食。動物的虛偽,可由狩獵看出。肉食動物,身上的花紋,就是一種偽裝。目的在於攻擊,在於不為草食動物看見。草食動物身上的花紋,也是一種偽裝。目的在於防守,在於不為肉食動物看見。(至於說,因為偽裝而設下陷阱的偽裝大師,非蜘蛛莫屬)

　　中國人看見動物的偽裝,稱之為紋。(花紋)後來,紋以文代替。文就是偽裝,就是不讓人見到裡面的東西。(先秦思想中,文與質相對。文是外面的形式,質是裡面的內容)人類的偽裝,與動物無異;它起源於覓食,發展為與利害相關的各種社會行為。虛偽是一種世間法,是一種人與人相處的方法。

　　西方人比較敢於面對人性。(應該與科學,特別是心理學興起有關)西方有一個辭,叫做 white lie,意思是必要的虛偽。(謊言)表示適度的偽裝,是社交的潤滑劑;它無傷大雅,可以避免衝突;說話太過直白,反而傷人。因此,在虛偽與真誠之間,有一些模糊地帶,是成熟的世間法;雖然,不見得為道德家接受。

　　中國思想講虛偽、偽裝的太多了。兵家《孫子》,可以說完全講虛偽的道理。《孫子》是兵法,是鬥爭的道理。它說「兵者,詭道矣」;又說「故能而示之不能,用而示之不用,近而示之遠,遠而示之近」。孫子認為,鬥爭之法,基本上,就是欺騙。當然,這種

虛偽的極致，僅只是戰場理論。

中國的道家，以智慧著稱。老子認為，虛偽不僅僅是個人行為，而且是社會特質－人類根本處於一個虛偽的設計裡。他說「大道廢，有仁義；智慧出，有大偽；六親不和，有孝慈；國家昏亂，有忠臣」。老子認為，原始的生命法則不適合人類社會，聰明人便設計了虛偽的道德，來規範社會。為什麼生命法則不適用呢，因為人類的特殊群居現象。太多人口群居在一起，自然不合，自然昏亂；應付不合與昏亂的孝慈、忠臣，都是人為設計的虛偽標準。老子是一個社會心理學家，他洞察了人類社會本質。但是，他沒有什麼解決辦法。只是提出了「小國寡民…老死不相往來」，儘量縮小群居規模，那樣的社會烏托邦幻想。

老子或是社會心理學家，卻不是動物學家。他不知道大道未廢之前的動物世界，也充滿虛偽。（見前述「紋」與「文」的部分）

印度的佛家，也以智慧著稱。佛家對於這個虛偽世界的看法，更為徹底。佛家認為，非但社會虛偽，整個宇宙所見所聞，都不真實。《金剛經》說的好，「凡所有相，皆是虛妄」。只有理解、承認客觀世界的不真實，才能在這個虛偽（虛擬）的大環境中，出離出去，獲得心靈的真正平靜。

佛陀的說法，為近代物理學證實。這個可見可聞的宇宙，的確不真實。它是由不可見、不可聞的粒子（particle）構成。

老子與佛陀，都以智慧角度觀照虛偽。老子不離人心與社會，佛陀則深入科學的物理世界。關照的高度，很有差別。

說象徵

象徵，就是譬喻；就是暗示而不明說。動物也有暗示，例如一個眼神，一個動作。但是，人類絕對是這方面的大師，人類主要透過語言文字，來表達象徵。

語言文字，是為了把意思講清楚；故意不講清楚，是有深意的。目的，是讓對方自己想一想。自己想出來的，通常比別人告訴你的，更有影響力。

寓言，是完全象徵的一種文學。《伊索寓言》是其中的佼佼者。不過，也是仁者見仁，智者見智。因為每個人的理解力不同，對於其中的暗示，不見得明瞭。《伊索寓言》常常被視為一本童書。其實，兒童不會明白其中的寓意，也就是看個故事罷了。在中國，莊子是懂得象徵的；他的很多作品，都是寓言，象徵十足。詩也是象徵的文學，只是它的象徵性更強，需要有很深的文化基礎，才能理解。因此，喜歡詩的人，並不是很多。

對於象徵的理解，基本上，不是邏輯理解，而是想像（imagination）特別是想像中的聯想。（association）也就是從這個，想到那個；想到其中的關聯性。如果想不到那種關聯性，就是不能被暗示，不能明白譬喻，不能接受象徵。

《論語》中，孔子對子貢說，「賜也，始可與言詩已矣。告諸往而知來者。」就是讚美子貢的想像力、聯想力；讚美子貢對於暗示、譬喻、象徵的理解。孔子認為子貢與他在一個思想高度，可以相互的「高來高去」了。的確如此，象徵，是一種高級思想傳達方式。

　　除去語言文字，藝術中的音樂、舞蹈、繪畫、戲劇，也都充滿暗示與象徵。音樂透過聲音象徵意念，舞蹈透過肢體象徵意念，繪畫透過圖像象徵意念，戲劇透過情節象徵意念。喜歡藝術的人，也沒有想像中的多。那也是因為，多數人沒有辦法理解象徵意義。

　　有的藝術家給作品一個名字，比較容易明白其所象徵。有的藝術家，特別是古典音樂家與抽象畫家，故意不給作品名字，只給予一個數字。他們的目的，是留給欣賞者更多的想像空間，讓欣賞者自行想像、聯想，讓作品的象徵更為豐富。這種有如猜謎的過程，使得欣賞更有趣味。

　　有一句「繞梁三日」的古話，形容沈浸在音樂象徵與想像裡。其實《論語》中，早就有「子在齊聞韶，三月不知肉味」的說法。孔子的想像與聯想能力高超，他探索音樂象徵意義之深入，遠遠超過一般人。

　　事實上，象徵也可以邏輯理解。數字與數學也是一種象徵。數字象徵數量，數學象徵概念，特別是抽象概念。一個數學公式，象徵了看不見、摸不著甚至難以體會的概念。換句話說，數學是一種複雜的譬喻；只是，那種譬喻不是情感上的譬喻，而是理智上的譬喻。

象徵、暗示、譬喻,都是精細的文化活動,不是每一個人都能參與其中。可以理解象徵的人,是幸運的人,也是高智商的人。

說進化

　　進化理論，並非自達爾文開始；但是他整理的最有系統，最有說服力。古代無論中西，都有類演化論的說法；但是，那都是哲學家提出，流於想像。達爾文是一個科學家，他的解釋與舉例，都要遠遠超過哲學家。

　　達爾文認為，在漫長的時間中，生物都會漸漸異化。環境的隔離，是造成異化的重要原因；其動機和目的，在於適應環境條件，也就是適者生存。

　　達爾文不能解釋的現象，是寒武紀大爆發。（五億多年前發生）之前與之後的生物，相關性不大。作為一個嚴謹的科學家，《物種原始》一書中，他提到，寒武紀大爆發，是對進化論的大挑戰。

　　人類的進化，基本上，是沒有問題的。人種樹是一個大的架構；紅毛猩猩、大猩猩、黑猩猩與人類的基因類似度，各為百分之97、98、99，是一個結實的科學證據。然而，人類與猩猩，有身體結構的差異。例如：人類為什麼手、腳指間有退化的蹼。（皮膜）為什麼人類有光滑皮膚、較厚脂肪層。為什麼人類鼻子下面有人中。（如果鼻子與嘴唇長，人中可以與鼻小柱密合，堵住鼻孔）諸般現象，都不是猴子、猩猩、人類演化系統可以說明的；而把人類演化往水生哺乳類推去了。這些問題，還說不清楚。

　　人類還會繼續進化嗎。看起來，是不會的。自從人類製作工具以

後，就開始以工具代替進化。人類使用的各種工具，可以等同動物長時間演化的效果。沒有爪牙，有斧鑿代替。沒有皮毛，有衣服代替。行動緩慢，有舟車代替。至於科學發展起來以後，種種代替品的發展，更是一日千里。所有動物經過異化，而產生的功能，都讓人類的工具－機器解決了。人類哪裡需要自身進化呢。各種需要，都透過科學、透過機器得到滿足。

因此，人類不會進化，只會退化。原有的身體作用，已經大部分由機器代勞。看看原始部落與城市居民的體質差異，就可以明白這種退化，逐漸形成。

進化，是人類發展的過去式。如果一定用進化這個術語，人類未來，大概可以向兩個方向走。第一，與機器結合。人與機器的關係，由原本的利用，現在的共生，到未來的寄生。當機器為主，人類為輔的時候，人類沒有機器，將無以生存。那種結合，可能讓人類脫離生物的應有形態。

第二，在人類的基因上動手腳。如果不願意仰賴機器，如果還希望維持一個人類形體；可以通過基因編碼，製造出合於需要的新人種。（不生病、體能強，聰明、長壽）這種改變，離開了達爾文的生物進化，而是一種人為進化。

這兩種方式，都會引起倫理與法律問題；誰可以進化，誰不可以進化。未來人類，將形成兩個群體－改造者與未改造者。那時候，人類彼此間的鬥爭，是兩個物種之間的鬥爭。

說階級

　　獨居動物沒有階級，群居動物必有階級。沒有階級，各行其是，團體不能存在。人類是群居動物，並且是大規模（不自然）群居，當然有階級。階級是秩序的根本。

　　動物的階級劃分，非常明顯。基本上就是暴力；擁有更大暴力的動物，居於階級最上層，並且由其主導階級的等級。階級最上層，享有交配與進食優先權。動物生活簡單，展示權力的場合，也就是交配與進食而已。
　　食物鏈的高下，不是階級，也不是權力；那是因為大自然的平衡使然。階級與權力，是團體的產物。

　　正是如此，階級的存在，代表權力的存在。群居團體可以維持，就是因為權力運作，形成一體。沒有權力區分的團體，是人類獨有的烏托邦想像。

　　人類的社會龐大而複雜，暴力的行使，不被允許；代替的，是各種名份與名位。名份很柔性，有倫理的共識。名位很剛性，有法律的加持。（法律的階級，讓人不大舒服；倫理的階級，讓人感覺自然）在人類社會中，獲得名份與名位，就可以行使階級的權力。

　　動物的階級，是交配與進食權力。人類有婚姻制度，不再依靠權

力進行交配。進食（經濟）權力，是人類階級的存在目的。小至個人，大至國家，都依賴階級權力，獲得經濟資源。

　　階級似乎是一種個人考慮，很少人想到世界近兩百個國家，形成大組織，其間階級，涇渭分明。

人類社會，強調鬥智不鬥力。因此，人類階級產生，和知識關係密切。古人有「士農工商」說法，有「萬般皆下品，唯有讀書高」說法。都說明知識與階級的關聯性。

　　當然，也有反其道而行的。例如元代恐懼人民擁有知識，而將社會劃分十等。知識份子為第九等，僅僅比乞丐高一等。中國文化大革命時，恐懼人民擁有知識，而稱知識份子「臭老九」。都側面反應了知識在階級上的重要性。

　　當然，知識可以是單純的，知識本身就是一種價值。不過宋真宗〈勸學篇〉所言「書中自有顏如玉，書中自有黃金屋」，還是現實的。有知識與無知識，是難以跨越的階級。有知識，可以獲致政治、經濟利益，提升階級。

　　常態的（鬥智）社會，政治、經濟、知識佔據著階級頂端。非常態的（鬥力）社會，軍事可以突出，壓倒政治、經濟、知識地位。

法蘭西斯・培根（Francis Bacon）說「知識即力量」。事實上，知識主導著人類的所有活動。主導者，自然在階級的最上位。階級，是所有群居動物的必然架構。知識不等於智力，但是知識絕對與智力相關。

　　人類是智力強大的動物，由知識決定優劣，決定階級，是公平合於演化的現象。打倒知識，甚至打倒階級，都是政治口號。藉著自由、平等、民主打倒階級，都是隱性的反智行為，不可能長久。

說嫉妒

嫉妒的心態簡言之，即是：你有，我沒有，我心裡不舒服。嫉妒的前身叫做羨慕。

羨慕有正面意義。羨慕他人之所有，可以轉化為競爭的原動力，是一種爭勝的向上心。這種心理，若是善加利用，能夠驅動成功機制。羨慕是好事，它可以鞭策自己成為更好的自己。若是完全沒有羨慕情緒，則是一個得過且過的人；一個不知上進的人。上進的背後，有羨慕心理存在。別人好，我也要一樣好，甚至超過別人；它是一種奮發動能，一種合於演化的要求。從生物學角度而言，羨慕心理產生於所有生物。羨慕可以視為生命力的表現。（群居生物應該比獨居生物更懂得羨慕）

可是，羨慕也可能不進步為原動力，而退步為嫉妒。嫉妒不是積極的態度，而是消極的，不競爭的黑暗心理。它不形成後續的競爭行為，而是翻覆在不安的狀態中，漸漸變成仇恨。

嫉妒，最易發生在男女與事業上面。它多少與求偶、覓食相關；多少與生物本性相關。但是動物很少嫉妒。動物只會因羨慕而奮鬥。如果奮鬥不成功，也就算了。牠們不會有消極的不競爭心理；不會翻覆在不安的狀態中，更不會成為仇恨；牠們只會默默離去，尋找下一個競爭的對象。因此，動物不會因為鬥爭不成功，而含恨的暗中破

壞。動物不會嫉妒，不會因羨慕而嫉妒，不會因嫉妒而破壞。動物在鬥爭中，不糾纏。

嫉妒的最大問題，就是糾纏。它在自己的心中糾纏，久久不能釋懷。它也在後續的行為中糾纏，與對手長時間的死纏爛打。這種不釋懷與死纏爛打，非但與成功沒有什麼關係；甚至，導致鬥爭目標的模糊。嫉妒的人，找不到下一個鬥爭的目標，只是沈迷在過去的失敗之中。這種長時間的沈迷，不合於生物的鬥爭法則，不合於生物的生存法則。

人類嫉妒的原因，是因為大腦發達，以及與之而來的長久記憶。記憶是嫉妒的溫床。當人沈迷在過去記憶中，就失去了對未來的憧憬。嫉妒的人，沒有下一個人生戰場。他們的人生，已經停止。

至於說，同樣擁有記憶，為什麼有的人停滯在嫉妒中，有的人繼續前進，那就與個人的人格特質有關了。嫉妒的人，多半自卑而懦弱；他們因為一次鬥爭失敗，而不敢面對下一次鬥爭。在失敗的記憶中，糾結不已。換句話說，一次的失敗，已經將他們打倒。他們能夠做的事情，就是怨天尤人；痛恨自己，痛恨對手。這種痛恨，是失敗主義者的特質。只有承認自己失敗的人，才會由羨慕而墮落至嫉妒。

嫉妒的生成原因，就是自卑與懦弱。在動物世界中，不允許自卑與懦弱；那種主觀特質，導致生物個體無法繼續客觀競爭，以致消滅。所謂嫉妒不合於生物法則，就是這個意思。

說想像

　　想像，是人類獨有的本領。動物，也許想想過去的事，那是回憶。動物也許想想未來的事，那是推測。回憶與推測，都不是想像，想像是憑空臆造。

　　想像，是腦子裡的各種記憶資料，隨意串連；但是那種串連，有合理部分。想像需要空閒時間。如果終日為衣食忙碌，注意力集中在日常生活上，不可能有創造性的想像。也可以說，想像是一種有點奢侈的精神活動。想像必須有創造性，否則，就是胡思亂想。

　　想像有創造性，是因為想像有結構。人類可以對過去、未來或者現在，作有意義的想像。想像可以分為科學的想像與藝術的想像。科學家重視推理，他們的想像，多半是縱向想像。根據 A，推理到 B。如果 B 是未經試驗證實的，那麼，由 A 到 B 可以說是一種理性的想像。如果有一天 B 被證實了。想像就成為事實了。今日，許多宇宙物理學的理論，都還是停留在想像階段，無法證實。理性的想像，可以五花八門。但是，事實只有一個。其他的，都是合理、有趣的想像。

　　藝術的想像，完全不一樣。藝術的想像，不是縱向想像，而是橫向想像。（縱向想像，靠腦子的推理能力；橫向想像，靠腦子的檢索能力－把各種有相關性的資料檢索出來，予以拼湊）藝術家中，最會想像的是音樂家。自然界的聲響，稱為聲。人工排列的（音階）聲

響，稱為音。經過想像處理的音，稱為樂；一般叫做音樂。音樂家的想像，不可思議。那種音的排列組合，完全在腦子裡成形。音樂家把各種高低、大小、長短的音，憑空想像地，連結在一起。那種想像，純然是無中生有的想像。（自然界只有聲，而無音無樂）音樂，是最高級的藝術，不是浪得虛名。

文學家，也是懂得想像的。文學家會編故事，故事不是事實，而是想像。但是，那種想像又有合理性；讓人覺得它似乎真實。文學家有虛擬現實的本領，因此，文學家需要有推理能力。文學作品之所以引人入勝，就是它讓讀者自行推理；其中的合理性，讓讀者真假莫辨；分辨不出來虛擬與現實的差別。文學家的這種想像，也是驚人。

最偉大的文學想像，就是宗教。所有的宗教經典，都是文學，都是對未知的想像。宗教家，一如文學家，構建出一個極為龐大的想像結構。因為過於龐大，令人容易迷失其中，而不要求（忽視或者迴避）其合理性。宗教因之而發展，人類因之而沈醉在長久想像中；沈醉在一部偉大的文學作品中。

如今，AI 方興未艾。當 AI 可以作科學想像時候，人類的科學能力將被替代。當 AI 可以作藝術想像時候，人類的精神活動將被替代。想像是人類之所以為人類的特質，把這種特質交付機器，是人類最愚蠢與最荒唐的作為。

說意志

佛家專門講人類的心理問題。從佛學了解人類心理，有別於現代心理學。（psychology）西方有人稱佛學為超心理學；意思是，佛學說了一些心理學未曾說到的事情。

佛家認為，人之所以為活物，存在八種活動－八識：眼、耳、鼻、舌、身、意、莫那、阿賴耶。眼、耳、鼻、舌、身前五識，很基本；是身體的活動。如果沒有，就失去生命跡象了。第六種識－意，是腦子的活動，現代稱為意識。如果沒有，就是失去意識了。一個人可以有生命跡象，但是沒有意識。也即是不會思考，不會想事情了。這種事情，在醫學上時有發生。（持續性植物狀態）

思考是一種邏輯的運作：把雜亂資料貫穿起來，變成合理的、系統的敘述。電腦也會思考，能力遠遠超過人類。但是，電腦並不是人類。人類的思考，在於思考後有判斷：有各種是非對錯的判斷；而且，還會受到是非對錯判斷的影響，造成情緒。判斷與情緒，在佛家各自叫做「分別」與「心」。這種不同於第六識的心理活動，佛家稱為莫那，也即是第七識。人類的各種煩惱痛苦，都來自於主導判斷與情緒的第七識。第七識，就是意志，與意志帶來的副作用。

有一句話叫「貫徹意志」，意志的貫徹，就是執著。但是意志不可能完全貫徹，因此惱怒與嗔恨出現。惱怒與嗔恨，就是貫徹意志的

副作用。佛家說人類的痛苦來源於「貪嗔痴」。貪與癡，是過度貫徹意志在物質與精神需求上。結果，多半導致惱怒與嗔恨。因為，「人生不如意十常八九」。佛家（東方）的修行，便是修去第七識，便是修去意志。所謂放下，就是放下意志。西方思想，講究意志力（will power）的貫徹，特別強調第七識，與此相反。

絕對的意志，絕對可怕。一個特別強調意志的人，常常變成自私自利，自我為中心的人。（心理學也認為這是病態）在人類社會而中，當自我意志，處處與他人意志相左情況下，必然受到他人排斥。絕對意志是一種想像，一種貪慾的極度表現。

絕對意志的例子，莫如德國尼采。他強調個人絕對意志，最後，個人以發瘋告終。希特勒接受尼采思想，貫徹國家意志，最後，國家以毀滅告終。

佛家認為，第七識可怕，因此希望進入第八識－阿賴耶狀態。第八識的狀態很難形容，言語道斷，要靠冥想（meditation）經驗感受。那個狀態，就是離開分別與情緒，切斷第七識，切斷意志。這種狀態，並非常人，而是非常人；也就是所謂的佛。那麼，常人應當如何呢。最好集中意志，不要讓意志四方輻射，處處爭強鬥勝。集中意志，就是把意志集中在一件事（或者少數事）上面。（《老子》說「少私寡慾」之謂）所有成功立業的人，都是如此。成功立業的人，都必須與周遭和平相處，而不是展現意志，咄咄逼人。

無意志是聖人，有限意志是常人，絕對意志是狂人。意志，是一個要時時省思關注的東西。

說意義

意義，常常跟價值連用，也常常跟價值混淆。基本上，意義比價值深刻。

宇宙有意義嗎，宇宙的存在，似乎沒有什麼意義。宇宙有價值嗎，宇宙孕育了生命；宇宙的價值，是給生命一個發展的場所。

生命有意義嗎，生命的意義，在於繼續生存；透過繁殖與複製的方式，不要中斷。生命有價值嗎，這個問題，就值得細說。價值跟人類的判斷有關，離開與人類的關係，生命也沒有什麼價值。

例如，動物有價值嗎。動物如果可以被人類食用，就是有價值。植物如果可以被人類食用，就是有價值。動物植物，如果可以被人類製作衣物禦寒，就是有價值；如果可以被人類戲耍、觀賞，就是有價值。細菌在動植物之間，它們如果可以維繫食物鏈（食腐），製作藥品，就是有價值。

事實上，無生物（礦物）也是如此；可以用於各種製作製造的，就是有價值。

價值，是人類創造的一個名詞。凡能夠為之利用的，就是有價值。價值和可利用，幾乎可以畫等號。不涉及可利用者，跟價值無關。

以人世間而言，價值更是如此。相傳乾隆下江南，與法馨禪師登金山寺。乾隆問：江上有多少船隻。法馨回答：兩隻，一隻名，一隻

利。法馨的回答,是一種禪學回答,也是一種科學回答。名與利,就是人世間的價值所在。有名有利,可以獲得各種物質上的享受。價值是可以比較的(誰更有名、誰更有利),人類的貪慾,就建立在這種比較上。人類因為追求價值而煩惱,而受苦。

因為可利用、可比較,價值是相對客觀的東西。但是,人世間還有相對主觀的東西。那就是離開價值,探索意義。西方有個大哉問「我是誰,我從哪裡來,我去哪裡」－提出了我為什麼要活著,我活著有什麼意義的問題。這句話的現實說法,叫做「存在感」。這種感覺強烈的人,重視個人意義,不重視普世價值。

一般來講,有幾種人追求生存的意義:那就是學術家,藝術家和(科學與宗教意義下的)修行者。這幾種人,是純然以自我為中心的人。他們透過學術、藝術以及修行,來表現自己。這些表現,當然可以與他人發生關係,產生價值。例如:學術家可以販賣知識,獲得名利。藝術家可以販賣作品,獲得名利。修行者可以販賣經驗,獲得名利。然而,這些活動的初心,卻不是為了名利,而是「無所為而為」;為了證明自己活著的意義。

這些人物,有一個共同特點,即是他們都涉及了創造。學術發明發現了科學的知識,藝術發明發現了感官的體驗,修行發明發現了心靈的突破。這些發明和發現,就是創造。創造,回到了世界原點;和前述的宇宙孕育,生命繁衍,有類似的地方。

創造,或者是,唯一的意義,最大的價值,大到無聲無息。

說愛情

愛情，在人類文化中很被稱頌。古今的文學戲劇，表現愛情者，佔有重要地位。愛情的獲得，讓人視為無上幸福。正因為它如此受重視，可見它並不普遍。凡是受重視的東西，皆因為其有價值；而有價值的東西，必然是稀少的東西。文學藝術反映人生，是虛擬的想像，是現實世界的補償。人類喜愛虛擬的愛情，因為在實際生活中，愛情不容易獲得，特別是不容易長久。因此，有一種愛情神話的說法。神話不是真的，似乎愛情也不是真的。

人類渴望愛情，終其一生都有需要。如果一件事情，可以長時間的被需要，它就與生物本能發生關係。生物學家沒有發現愛情，可是他們說生物有求偶與覓食的本能。中國思想家沒有發現愛情，可是他們說「食色性也」。愛情與本能的求偶（「色」）有密切關係。

動物的求偶活動，分為前戲與交配。前戲的目的，是為了達到交配的遂行。交配的前戲，也可以稱為調情。（調情，應該作調動 mobilize 對方情緒解釋）動物展示特殊的聲音、顏色、與肢體行為，都是性行為的前戲與調情，目的是為了吸引（迷惑）雌性。動物前戲與調情，與人類的愛情類似，都是交配的前奏。愛情當然與荷爾蒙的分泌有關；只是人類的愛情表現，有其特殊性。男性重視愛情的目的－交配，女性重視愛情的過程－迷惑。這種普遍的社會現象，背後還是有生物學解釋；它與雄性與雌性在求偶上的主動被動有關：雄性負

責迷惑,雌性以被迷惑迎合之。因此,女性的愛情可以維持較為長久。對女性而言,愛情的過程,似乎比愛情的目的為重要。

愛情既然與荷爾蒙有關,理論上,它是不可能長久維持的。動物界的雄性,需要不斷與不同雌性交配,以達最大程度的基因傳遞。這種不斷交配的需要,放諸人類,自然不能說是愛情。因為,愛情是兩個個體長久不斷的,荷爾蒙上的吸引。人類的長久愛情,在生物法則上說不通。因為兩個個體的固定性行為,只會減少基因傳遞的機會;也不能讓強大基因在數量上獲得優勢。

那麼,人類的愛情神話－終生不渝的相愛,又是怎麼回事呢。那是因為愛情裡面的利害成分(目的性)逐漸淡化,而形成友情與親情的緣故。當生物性的交配目的淡薄時候,精神的交往才會開始。這種情況,就是所謂的愛情昇華。這種(可以有親密關係)的友情與親情,是極為難得的深度心靈契合。(所謂心靈伴侶)中國人說「少年夫妻老來伴」,就是這個意思。很多人以為,愛情變成友情與親情是可怕的事。殊不知,那是愛情的最後歸宿。

愛情昇華為友情與親情,是一種時間上的自然變化。愛情神話是存在的,只是它的內涵不是世俗定義。愛情神話是稀少的,因為大部分的人,沒有耐性等待那種變化。

說愛惡

　　愛惡，就是喜歡與不喜歡。愛惡都是情緒；有時候，只是來來去去的念頭，有時候，維持很長久。

　　愛惡形成的第一個原因，和意志有關：凡是相合於意志的，產生愛的情緒；凡是不相合於意志的，產生惡的情緒。這些情緒，動物也都具備。基本上，動物的愛惡與趨吉避凶有關，也與求偶覓食有關。動物的趨吉避凶之心，是一種生理反應；如果不能對環境有愛惡反應，難以生存。動物對求偶覓食的愛惡，出現在同類身上；那是一種食、色競爭下結果。當動物沒有吉凶、食色問題時候，多半表現的相當和平，彼此之間沒有什麼愛惡情緒。也可以說，愛惡是一種生物機制，是寫在基因裡的生命法則。

　　人類是高級靈長類動物，對於吉凶、食色產生的愛惡，一如其他動物。然而，對於動物而言，吉凶、食色都是物質問題。人類有強烈的精神活動，加上文明賦予的強大能力，使得人類愛惡，由貪慾主導。這種貪欲（或者說貪得的意志）使得愛惡情緒無限上綱。所謂「愛之欲其生，惡之欲其死」是很好寫照。因為貪得無厭，人類的愛惡之心，與動物不同，遠遠超過生物機制設定。

　　觀察原始民族，雖然沒有現代人的強大文明，卻也沒有現代人的各種貪慾。少貪欲，愛惡自然減少。

愛惡形成的第二個原因，為人類獨有，那就是偏見。（prejudice）偏見不是文明問題，而是文化問題。也即是說，它是經由教育與傳播，而預設的人為標準。這些標準，就是各種是非對錯。偏見，是令人類產生愛惡的第二個原因，它對於人類的影響，大於第一個原因。偏見是浮動的文化現象，有時間性與地域性，隨著時空而改變。但是，大多數人類，都以偏見為真理：以為掌握了真理，掌握了區分好人壞人的標準；合於標準則愛之，不合於標準則惡之。這種標準產生的愛惡，是集體的愛惡－以道德與宗教，表現的最為凸出。所謂「非我族類，其心必異」，是普遍心理。偏見容易為政治人物操縱，成為鬥爭與戰爭的助燃劑。集體愛惡的高度表現，稱為意識形態。（ideology）

　　個人的愛惡，與集體的愛惡，顯有差異。前者是個體問題，後者是社會問題。愛與惡的爆發，就是喜與怒。集體的愛惡與喜怒，是經由教導、傳承而來的詭異文化氛圍。
　　觀察原始民族，雖然沒有現代人的複雜文化，卻也沒有現代人的各種偏見。少偏見，愛惡自然減少。

　　文明造成的貪慾，與文化造成偏見，是人類愛惡心的兩個源頭。對於這個充滿愛惡的世界，佛家叫做「五濁惡世」。清代詩僧曼殊說「雨笠煙蓑歸去也，與人無愛亦無嗔」。唐代六祖慧能說「憎愛不關心，長伸兩腳臥」。看來遠離文明文化，是遠離愛惡的唯一辦法。

說感動

感動一詞,可以翻譯為英文的 moved。不過 moved 是動,而不是感;是結果而不是過程。感動是一個過程,由感而動;因為感知,而有了情緒波動。

感動在藝術理論中,又叫作感情移入。感情移入這個詞彙,是英文翻譯過來的,但是它比較保有中國的古典用法。古對於感動,常常稱之為移情－情緒被移動了。

移情比感動更有心理學味道;移這個字,不單指情緒波動,還指情緒被移動到別的地方去了－移動到另外一個情境裡去了。移情比感動、感情移入、或者 moved,都要深刻得多。這是古人觀察的細微之處,也是中國文字的文學性格。

在傳統世界中,輕易的感動,被視為善感,甚至優柔。因此,感動似乎是女性專利;男性,則要表現出「有淚不輕彈」氣概。男性在感動的「權利」上,受到很大壓抑。中外皆然。

從藝術理解感動,是最為淺顯的方式。藝術是人類的感官藝術,透過眼耳鼻舌身,產生色聲香味觸的感覺。這些感覺,如果深入,便會產生感動。而藝術中,最容易出現感動的是戲劇。戲劇,是人生的虛擬情境。因此,比其他藝術項目,更貼近人生;更能令人感同身

受，而受到感動。

藝術的感動，有一種調和的功能。自從人類進入新石器時代，因為不合理的群居方式，（家庭單位聚合為社會單位，以致男性荷爾蒙爆發）壓力極大。藝術是舒緩壓力，讓人類暫時離開現實，進入虛擬世界的方式。在那個世界中，人類可以獲得鬆弛。這種鬆弛，是社會的調節機制。讓人類用比較鬆弛的狀態，再度面對嚴酷現實。

然而，自二十世紀以後，因為大環境的改變，藝術也有了很大改變。傳統（數千年來）的鬆弛功能，逐漸減弱。觀察今日藝術主流，（無論美術、音樂、舞蹈、戲劇、文學）都不再以令人放鬆、舒緩為目的，而以引起緊張、興奮為目的。緊張、興奮不能說不是感動的一種，但是這種虛擬情境，不能療癒現實情境。緊張、興奮是揚湯止沸的感動，甚至抱薪救火的感動。它不能通過藝術感動，令人以輕鬆的態度面對世界，反而以更緊繃的態度面對世界。藝術是社會的反映。這樣的社會，造成了這樣的藝術；這樣的藝術，助長了這樣的社會。

事實上，上述感動並不是感動，而是刺激。它表面的刺激了眼耳鼻舌身，並沒有形成意念感動。它大量引發生理反應，而對心理層面的影響很少。以刺激代替感動，是現代藝術膚淺化的原因；它不僅是藝術本身發展上的問題，也是社會的大問題－人類少了（數千年來）安撫情緒的重要方式。並且，刺激猶如毒品，當刺激無效的時候，必須不斷增加強度。

現代人不斷找刺激的時候，何曾反省，人類已經漸漸不會感動了。

說感情

感情與情緒，都是腦子裡的化學與電流變化。一般而言，情緒強調負面，多指壞情緒。感情強調正面，多指好感情。以時間來說，情緒來去的快，感情則維繫較為長久。然而，感情是不是情緒一種呢，生理學上，大約也是認可的。

感情就是愛，一個人對某人某物有感情，就是對某人某物有愛。愛這個字，常常用於男女之間。男女之間的愛，特別強烈突出，而受人注意；事實上，感情或者愛，可以存在於人類與萬物之間。（人與動物的感情，最為明顯）

感情是一種潤滑劑，它可以把生命的鬥爭緩和化。道德也是潤滑劑；但是，把有道德的人視為有感情的人，卻是大錯誤。道德是外在的規範，一個遵守道德的人，可能是毫無感情的人。因為，道德與法律，只是一線之隔。（成文與不成文）道德上的絕對好人，必然是冷酷無情的人。（古代的「酷吏」，是個好寫照）東方西方，在儒家與基督教的統攝下，形成不同文化。孔子講道德，耶穌講愛。社會人心之不同，各有其歷史淵源。

東方原本要走的路子，來了一種思想把它沖淡了－那就是佛教。佛教不講感情，不講愛，佛教講慈悲。事實上，那只是術語問題而已。慈悲就是感情，就是愛。佛教的慈悲，不是針對一人一物，而是對萬事萬物。佛家這種感情，與耶穌的「愛人如己」，如出一轍。（耶

穌與佛教的關係，近年來已經不是禁忌。在此不論）佛家的慈悲，與儒家的道德，讓東方社會找到一點平衡。

這樣看來，世界受到佛陀與耶穌的教誨，要充滿感情了。顯然不是如此。人類在宗教的薰陶下，多少人只希望菩薩保佑，忘卻了佛陀的感情教誨；多少人只希望上帝保佑，忘卻了耶穌的感情教誨。如果佛教與基督教，拿走了感情－慈悲與愛，那麼，與一個坐在火堆邊的巫師，希望祖靈保佑，有什麼差別呢。

這個問題的關鍵，在於：佛陀與耶穌的感情，是一種絕對的感情；而凡夫俗子的感情，是一種相對的感情。也即是說，凡夫俗子怕付出感情，得不到回報。而佛陀與耶穌不害怕這件事情。有感情與有勇氣，是一體兩面。俗話說「要愛又怕受傷害」，不就是說的這個麼。因此，人類做不到佛陀與耶穌的教誨，因為人類沒有那麼大的勇氣。人類普遍缺乏感情，因為人類普遍缺乏勇氣。

要求人類有感情難，要求人類有勇氣更難。動物會害怕，是趨吉避凶的前奏；那是受到基因控制的行為。爬蟲類趨吉避凶靠反應，高等動物趨吉避凶靠記憶。如果付出感情而沒有回報的傷害，在記憶中既多且深，那麼，大腦邊緣組織的杏仁核與海馬迴，就會時時提醒，不要輕易付出感情。

正是因為生理限制感情，成人世界中，感情是很稀少的。感情，是一種難得的經驗。有的人經驗多，有的人經驗少，有的人沒有經驗。感情的經驗，要珍惜；因為凡稀少之物，就是珍貴之物。

說溝通

溝通，就是彼此理解對方意思。基本上，動物才相互溝通；傳達友善與不友善信號，以利趨避。溝通需要工具，可以有幾種方法。

第一，形狀溝通。形狀是一種溝通。小體型動物，不主動侵擾大體型動物。第二，顏色溝通。顏色也是一種溝通。有毒的動物，常常有著鮮豔顏色：例如黃、紅、橘等等。這些特殊顏色的動物，獵食者盡量不靠近。第三，肢體溝通。肢體溝通，是身體動作溝通。固定的動作，傳達了明顯的好惡意思。這些意思，可以導致衝突，或者避免衝突。第四，聲音溝通。聲音可以溝通情緒，表達意圖的功能，強過前面幾種方式。

動物的溝通，主要在趨避（上面的敘述，以避為主），也即是吸引與排斥：同種異性之間，相互吸引。異種之間、同種同性之間，相互排斥。

人類是高等靈長類，因為發展出語言，溝通能力，遠遠超過其他動物。人類的語言溝通，也是一種聲音溝通。但是，它的目的，不只是造成趨避反應，而是表達複雜思想。（動物的聲音溝通，只能表達感性；人類的語言溝通，可以表達理性）這種溝通，是人類建構龐大社會的基礎。如果沒有這種溝通，眾多人類群居一處，將引發更大衝突。

比語言更進一步的溝通，是文字溝通。人類歷史上，這種溝通的時間，也就是幾千年。其他的溝通方式，都是即時的；而文字溝通，可以經過長時間，而不消失。它的最大價值，是讓寶貴的知識與經驗，永續下去；形成文明文化。

　　在文字的溝通基礎上，人類又發明了符號溝通，也就是數學溝通。數學通過符號，把思想的複雜曲折簡單化，把事物的原理原則抽象化。這種溝通，即便在今日，也不是人人可以從事。只有經過特殊訓練，以及有數學天賦的少數人，可以藉由數學符號溝通。符號溝通，是一種相對封閉的，高級的，溝通方式。

　　符號溝通，是人類之所短，卻是機器（人工智慧）之所長。當機器與機器間的溝通，普遍而深入時，人類的大災難，便要來臨。溝通，本是生物（動物）間的特色；無生物（機器）間的溝通，是硅基文明取代碳基文明的開始。

　　人類社會中，常常存在一種錯覺，認為溝通是意志之貫徹－必須要有滿意結果。事實上，溝通，就是（僅只是）彼此理解對方意思而已。所謂溝通不良、難以溝通，都是極為正常的溝通反應。溝通，與物理的共振（resonance）有點接近；共振必須頻率相同，否則不共振。道理簡單明瞭。（對牛彈琴，是人類相互不能溝通的極端描寫）

　　對於不能溝通的情況，最好辦法，就是不溝通。不溝通的最大實行者，是東方的修行家－與世隔絕，無論好的與不好的溝通，一律避免。他們認為，溝通本身，即是對身心的打擾。

說煩惱

　　煩惱是人類的大問題。煩惱就是心中不安；這種不安嚴重時，會形成精神疾病－憂鬱症或者恐懼症。即便不形成疾病，它也會造成身心不舒服。對於絕大多數人來說，煩惱陪伴終生。煩惱、不安、壓力甚至恐懼，都是一件事；只是不同的形容。其中，恐懼是煩惱、不安、壓力的來源。

　　煩惱之根本，是包裝過的恐懼。人多不願意說自己恐懼，而說自己煩惱。因為社會上，恐懼者遭到輕視，煩惱者受到同情。文化共識如此，亦無可厚非。

　　煩惱可以分成幾種，一，不可解決的煩惱，例如老、病、死。這種煩惱，以老年人為多。二，可解決的煩惱，例如各種人、事上的不如意。這種煩惱，以中年人為多。三，莫名的煩惱，由於胡思亂想而「杞人憂天」。這種煩惱，困擾所有的人。第一種煩惱，是不可避免的煩惱。第二種煩惱，是階段性的煩惱。第三種煩惱，是無謂的煩惱。

　　動物顯然煩惱較少，尤其沒有無謂的煩惱。因為牠們不會胡思亂想，牠們的腦子不夠發達。人類的腦子比動物發達，致使記憶與推理能力強大。這件事情的正面結果，使得人類發展出文明文化。這件事的負面結果，使得人類因為煩惱（恐懼）而胡思亂想。

人類胡思亂想，就是因為記憶與推理能力強大。因為記憶，而對過去事情做一種主觀的編織；因為推理，而對未來事情做一種主觀的編織。這種編織，也就是想像；（imagination）正面的想像，稱為創造力；負面的想像，即是煩惱。禪家說「三界唯心造」。這個「造」字，是一把兩刃武器。它製造出什麼樣的精神世界，並不一定。

　　除去人類的腦力特質外，人類社會結構，也是煩惱叢生的原因。人類社會，是極度不合理的群居生態，動物沒有這樣的大規模的、多家庭群居。（這個問題，在本書多章節中已有論述）雄性荷爾蒙造成的壓力與衝突，也是人類煩惱的重要成因。至於同樣都是人類，都會人比鄉村人多煩惱，文明人比原始人多煩惱。社會形態與煩惱多寡，關係明顯；群居人口越多的社會，煩惱越多。

　　煩惱，是人類大腦演化、社會制度不合理的必然副作用。（side effect）煩惱的解決方法，傳統上，宗教（特別是冥想 meditation）與藝術（特別是音樂）佔據重要地位。冥想，在禪家稱為止觀。止，是停止思考。觀，是有系統、不紊亂的思考。前者類似電腦關機，後者類似電腦重設。（format）冥想，是主動的自我調節。至於音樂，則是以外在的虛擬情境，壓制腦子騷動；類似電腦的覆蓋。（cover）音樂，是被動的自我調節。

　　煩惱就是腦子亂碼。（garbled）把人腦比擬電腦，可以找出有效方法，緩解煩惱。人類是一種生物，凡生物皆有自我調節能力。對治煩惱，亦是如此。

　　運動（特別是有氧）是比較新式的緩解煩惱方式。其道理，是增加

多巴胺與血清素分泌。也是很有效果的辦法。只是有氧運動未必人人可以作到,特別是年長者。

說經驗

經驗，看起來和知識相對；哲學上，甚至有經驗論與知識論的說法。基本上，經驗是個人的體會，難以實證；知識是集體認知，經過實證。經驗相對主觀，知識相對客觀。

事實上，所謂的客觀，即是大多數人的主觀。這個世界的是非對錯，這個宇宙的運行法則，都是大多數人認同的主觀想法。主觀與客觀，是一個有趣的數量問題。

話雖如此，經驗與知識，有程度及過程上的聯繫；如果多數人都有相同經驗，那麼，這種經驗也就成為知識。例如：一個實驗做了一次，屬於個人經驗。如果做了一千次，答案都一樣，這種經驗就成了規律性知識。

現實生活中，經驗與知識的最明顯不同處，就是重視讀書與否。有人喜歡讀書，有人不喜歡。喜歡的人，看重既有知識；不喜歡的人，看重自己經驗。其實，知識就是他人的經驗。如果成為經典知識，那更是經過長時間、大多數人認證的經驗－經過時間汰選的經驗。這種知識，如果不認同，而非要自己親身經歷，就有點固執了。孔子說「生而知之，學而知之，困而知之」。生而知之是天才，可以不論。學而知之者，是接受既有知識的人。困而知之者，是不接受既有知識，非要親自經驗一下的人；非要通過「困頓」（不順利），才能接受事實的人。人生有些事情，是不能親自經驗的；所謂「一失足成

千古恨，再回首已百年身」，可以看作重經驗而不重知識的極端寫照。

　　當然，應該重知識還是重經驗，因情況而異，不能一概而論。否則，孟子也不會說「盡信書，則不如無書」了。否則，也不會有「讀萬卷書，不如行萬里路」那句話了。很多知識，經過時間檢驗，有錯誤（特別是自然科學）或不合時宜（特別是人文社會科學）的地方。那就需要眾人重新累積經驗，建立新知識。

　　如前所述，知識與經驗，是主客觀的認知過程與數量問題。喜歡自己體會、驗證這個世界，是一種求真的精神，本是好事；但是個人能力、時間、環境都有限制；接受他人累積所形成的知識，還是理智的選擇。相對而言，自然科學容易累積成知識；人文社會科學，不容易累積成知識。那是因為，自然科學可以獲得（幾乎）百分之百的（規律性）結論。而人文社會知識，不能累積成百分之百的（規律性）結論。那不足百分之百的隨機與偶然部分，始終引人好奇，引人試探。

　　人類的災難不斷，因為歷史不斷重演。掌握歷史的人物，認為自己能力不凡，經驗特殊；總是想試試看，能否藉一己之力，脫出既有的規律性知識。歷史重演的問題，是歷史的掌握者，覬覦隨機與偶然；不重視集體知識，而強調個人經驗的結果。

　　不重視集體知識，而強調個人經驗，在心理學上，可能與自大有些關係。

說義氣

　　義氣的意涵，相當中式。英文中 loyalty 與之接近，但是不準確。loyalty 應當翻譯為忠，是下對上的關係。義是一種平行的關係，沒有誰大誰小，有點像 brotherhood，但是比 brotherhood 強烈。中國社會非常重視義，認為它與忠同等重要，合稱為忠義。

　　義氣不客觀，可以說絕對主觀。它不講理、不講法，背後支撐的是感情。因此，又有情義的說法。講義氣，可以說與敢談感情同義。一般人都讚美感情，渴望感情，但是利害加身，沒有多少人，願意把感情作為行事標準。這種不計利害，可以為感情兩肋插刀的精神，是一種俠客作風。故，俠義也常常連用。

　　義氣、忠義、情義、俠義，都是文學藝術上喜歡描寫的事情。然而，這種事情在現實中，多發生在下層社會。明朝人有一幅對子：「仗義每從屠狗輩，負心多是讀書人」。雖然如此，義氣不專屬一個社會階層，更不屬於一種職業，而是一種先天氣質。司馬遷在《史記》裡說，有義氣的俠客分為幾種：卿相之俠、布衣之俠、閭巷之俠等。可見上至達官貴人，下至販夫走卒，都可能行俠仗義。

　　《史記》的卿相之俠，特指戰國四大公子。閭里之俠，就要去〈刺客列傳〉〈遊俠列傳〉中尋找了。雖然義氣是一種先天氣質，但是，終究下層社會較多。其原因之一：是下層社會個人「名利家當」少，顧忌也少。上層社會個人「名利家當」多，顧忌也多。所

謂「光腳不怕穿鞋的」，即是此意。

　　義氣，就是利害相加時候，可以為了感情，幫助他人。這種感情的基底，在於一個報字。報有相對的意思。你對我好，我便對你好；你對我馬馬虎虎，我也對你馬馬虎虎；有點孔子「以德報德，以直報怨」味道。但是比孔子的話，激烈許多。對於義氣，闡述最為清晰的，是《史記》豫讓為智伯報仇故事。豫讓說「士為知己者死，女為說己者容。今智伯知我，我必為報讎而死，以報智伯」。這個必報之大恩，竟然是「知己」「知我」－了解我，懂得我。豫讓又說「范、中行氏皆眾人遇我，我故眾人報之。至於智伯，國士遇我，我故國士報之」。豫讓對於報，對於感情的分寸，竟然這樣嚴格－把我當一般人看，我就一般人對你；把我當人物看，我就做人物該做的事。豫讓有感情，但是不濫情；他的義氣，放在該放的地方。認為有義氣的人，處處行俠仗義，是一種大誤解。

　　報恩是件好事，然而義士的報恩，常常涉及暴力，涉及報仇。這一點就為法律不容了。弔詭的是：法律的設計，特別是處罰部分，不也是暴力麼，不也是報仇麼。只是那種報仇，由法定機關處理；義士的報仇，由自己處理。除了感情因素外，下層社會，相對不受法律約束、保護也是原因。在法律邊緣的社會中，必須有一套規範，以維持秩序。講義氣，報恩與報仇，就是下層社會的規範，或者說道德。只要下層社會存在，這一套相異於上層社會的道德，也永遠存在。

說遁世

梁昭明太子蕭統，為《陶淵明集》作序，有「聖人韜光，賢人遁世」句。遁世就佛家說的出世；也就是遠離社會人群。

人類社會，是不合理的群聚；自然界群居動物，沒有人類這樣的大規模群聚行為：因為群體荷爾蒙不得舒洩，人類的各種矛盾生焉。面對必然不和諧的壓抑社會，東方有一種離群索居的思想：印度以佛家、瑜伽為代表，中國以道家為代表。莊子的遁世精神很明顯，老子沒有那麼明顯，但是他也認為：社會的理想藍圖，是「雞犬相聞，老死不相往來」狀態，矛盾自然減少。

遁世，就是遠離人類社會，遠離文明文化。遠離文明文化，主要是遠離（社會性）物質生活。對於社會物質的習慣與依賴，乃大多數人不得遁世的原因。社會物質，可以濃縮為一個利字。

物質沒有什麼不好，利也沒有什麼不好；不好的部分，是貪得他人之利。遁世者未必無利，但是無法貪得；因為離群索居，沒有貪得的目標。

遠離文明文化，次要是遠離（社會性）精神生活。精神原本優於物質。但是，精神需要交流。一旦交流，便有高下，便有對錯；便有權威與否問題。那種精神上的權威問題，可以濃縮為一個名字。（名就是權威。權威的制度化與階級化，稱為權力；有時候也稱為

名位)

精神沒有什麼不好,名也沒有什麼不好;不好的部分,是計較他人之名。遁世者未必無名,但是無法計較。因為離群索居,沒有計較的對象。

人類社會的不和諧,皆源於名利。遁世者遠離社會,就是遠離名利,遠離貪得與計較的機會。換句話說,就是自己一個人,遠離其他人類。

遁世者遠離社會與人類,也有物質與精神的需要。遁世者對於物質的要求,集中在個人的身體上。身體活動即物質活動;把身體管理好,是基本卻至高的物質追求。因此,東方遁世思想－瑜珈、道家都以養生為目的。佛家也講養生,只是時至今日,變得不大突出。(釋迦摩尼早期是一位瑜珈師,禪宗祖庭少林寺鍛鍊身體,都可見原始佛教對身體重視的一斑)

遁世者對於精神的追求,集中在心靈(腦子)上。瑜珈、道家與佛家的精神生活,主要來自於冥想。(meditation)冥想是單純而主觀的腦內活動。可以全然放空－稱為「止」,也可以有條理地想像－稱為「觀」。這種對腦子想與不想的控制,能夠獲得心靈的安穩與舒適;是基本卻至高的精神追求。

遁世者的物質與精神活動,都不與他人發生關係。他們的物質與精神要求,在自己的身體與心靈中,獲得圓滿。

至於，身體、精神經過鍛鍊的遁世者，再度回歸人群，則是很高級的境界。「大隱隱朝市，小隱隱山林」，是對那種人的尊敬說法。「遊戲人間」，是對那種人的生活形容。

說遊戲

　　遊戲，是兒童的生活重心。兒童總是在玩遊戲，而不喜歡正經事。遊戲是互動的活動，經由這種活動，漸漸了解人與人之間的關係；有互助，也有競爭。

　　遊戲，可以視為兒童的人生演習。透過這些演習，為將來的生活做準備。遊戲的特徵，是結束後可以重新開始。一遍遍的重複，使得經驗得以磨練。如果說，遊戲是無所謂而為的模擬，也不為過。遊戲，是生命未來的一個縮影。

　　動物也是如此，小動物們總是嬉鬧，而年長動物視若無睹。但是，動物的條件有限。幼獸稍微成年後，便失去了遊戲特權。牠們快速的進入成獸世界；如果繼續嬉鬧，便會被餓死或者殺死。動物幼年與成年時代，截然劃分。從嬉鬧，而生死拼搏。

　　人類的社會，與動物大不相同。人類社會不允許生死拼搏，而是有規則制約－基本上是道德與法律。這種有規則的生存方式，頗有遊戲性質。如果違反規則，便要受到處罰。如果在規則允許之下，便可以盡情發揮。對動物而言，人類是一生都在玩遊戲的生物。只是人類的社會遊戲，比兒童遊戲嚴格的多。破壞社會遊戲規則，可能被罰款、監禁甚至處死。

人類總是在玩遊戲，但是兩種遊戲的轉換，在進入社會前，需要心理準備。這種準備，並不容易建立。因為青春期使然，叛逆強的青少年進入社會，接受新的遊戲規則，是一種痛苦。如若始終不能理解社會遊戲，遵守遊戲規則，就會成為反社會人格。對自己與他人，都形成麻煩。

　　有反社會人格的人物，大約都是太看重輸贏的人物；認為每次輸贏，都是如動物般的生死計較。事實上，輸贏本來就是遊戲的特質；所謂「勝敗乃兵家常事」。輸了，可以繼續玩遊戲；贏了，也必須面對新遊戲；不斷重複，是遊戲的特點。明白這件事，就明白社會是怎麼回事。人類社會，本質上就是遊戲。人人都要迎接無數的遊戲，等在前面。

　　中國有一句古話，叫做「遊戲人間」。這句話看似輕描淡寫，卻表現了現代社會學內涵。中國又有一句古話，叫做「人生如戲」。這個戲，不是遊戲而是戲劇。二者雖有不同，實則有些類似：都有一派輕鬆的態度，都有重複的觀念。遊戲可以重新開始，戲劇則有上台下台；重複是重要的觀念，接受重複，人生就正面了。視人生為遊戲的態度，視人生為戲劇的態度，是道家的態度。道家是最懂人生的思想，是最能看透人生的思想。

　　近代的科技文明，對人類有大影響。兒童的遊戲減少，兒童與機器間的遊戲，大幅增加。簡言之，兒童間的互動不夠頻繁，自然冷漠孤僻。幼年期的演練不夠逼真，自然成人後對社會理解不能深入。人類因為科技而走上此路，將是未來的巨大社會問題。

說道德

　　道德,是一種人為的社會規範。動物沒有道德。人類之所以需要這種規範,是因為人類社會的特殊結構。動物的群居社會,是以一個家庭為核心;人類的社會,卻是以家庭為單位,聚集許多家庭所形成。(由聚落而鄉里、村鎮、郡縣、國家等等)這種大規模的群居,引發男性荷爾蒙騷動,鬥爭不已;所以設立道德、法律、宗教,以維繫和平。宗教(或者類宗教)出現的最早。從原始民族看來,它以圖騰制的神話方式,實行道德與法律。爾後,道德與法律獨立出來

　　道德與法律,其差別在於成文與否。成文的,為法律,有執行與懲處能力。不成文的,為道德,沒有執行與懲處能力。因此,道德是人類社會最鬆動的規範。遵守或者不遵守,端視個人意願;這種個人意願,又稱為良心。

　　大體而言,西方崇尚法律,中國崇尚道德。關於這個問題,在孔子時代,就有很多論述。例如他最有名的「道之以政,齊之以刑,民免而無恥;道之以德,齊之以禮,有恥且格。」他的意思是:以法律管束人民,人民不敢犯法,但是不以違法為恥;以道德教育人民,人民以違法為恥,以守法為榮。

　　孔子的說法,對不對呢。自從儒家成為中國主軸思想後,沒有人敢質疑這件事。但是道德是最鬆動的規範,是一種理想。只靠沒有約

束力的道德，不可能維持社會運作。或者可以說，中國是實行法律與道德的雙軌制。希望在法律與道德的雙重規範下，社會更為穩定和諧。

事實上，儒家講道德，是個誤會。道家是講道德的最早學派。（《老子》根本就叫做《道德經》）在術語上，孔子講的是仁義，而非道德。道德二字，是儒家借用於道家的名詞。

道家的道德，與儒家的道德大相徑庭。它不是社會規範，而是自然法則；它認為宇宙的各種事物，都遵行自然法則；人類也應當如此。所謂「大道廢，有仁義」，是道家對儒家最嚴厲的指責。道家認為，儒家的人為秩序，破壞了自然秩序。儒家的人為道德社會，是一個烏托邦。道家的自然社會，也是一個烏托邦。人類社會是極度特化的群居社會，如果實現道家理想，必然衝突不斷。老子大概也知道人類群居問題，所以在《道德經》中，有這樣一句話：「小國寡民…雞犬之聲相聞，民至老死不相往來」。為他的道德境界，做了一個註腳。然而，人類的社會原來越龐大。「小國寡民」的那個世界，早已一去不復返。

道德，是人類應該如何活著的形上思維。中國對於道德的理解，可謂深刻。兩千五百年前，就有壓制荷爾蒙的儒家道德，與解放荷爾蒙的道家道德。只要人類的特殊群居方式不改變，這兩種爭論便會持續下去。

道家的道德，在西方是危言聳聽的。它脫離了倫理學範疇，進入了生物學範疇。老子的科學精神，應該對尼采有很大影響。（文藝復

興後,東方學術大量填補了基督教衰落後的思想真空）雖然尼采從未提及老子,但是他的主人道德、奴隸道德理論,怎麼看,都是道家道德、儒家道德的翻版。最後,年輕的尼采在兩種道德中迷惑了。發瘋了。

說影響

　　影響，就是接受外來信息，改變自己的想法或行為。這件事與腦子的發達有關。腦子發達，才會分析、想像各種信息，而有不同的想法與行為。動物因為腦子簡單，基本上，只受客觀（環境）影響；例如，氣候變化導致的遷徙等。動物不大受主觀影響。動物受到的最大主觀影響，應該是馴化。部分野生動物，因為人類投食，而（主動的）願意與人接近－最後替人類工作，或者被人類食用。但是，還是有很多動物不受影響，不因投食而馴化。這種不受影響，也可以叫做野性。

　　就人類而言，影響也分主客觀。人類對客觀環境的影響，一如動物。因為那是基本反應，是生死攸關的事情。人類最大的特色，還是主觀上，因為分析、想像而被影響。換句話說，人類的腦子，很容易受到其他腦子的影響。人類的腦子之間，會隨著語言、文字、聲音、圖像等等，彼此交換意念。這種交換的意念，除了使彼此意念相合，還會形成集體意念。集體意念，又可以通過文化，代代相傳。最後，人類因為集體意念不同，成為幾個大區塊，與無數小區塊。這一切，都因為人類彼此影響所致。影響，把許多不同的人，凝聚到一起。

　　影響，不是一種強迫行為，是主動接受，不是被動屈服。強迫的信息灌輸，令人反感，難以達到影響目的；不得不接受，不算是影響，還會造成反效果。就像動物的馴化，是自願趨附於人類；強迫關

在籠子裡的動物，並不能馴化。

人類社會中，最明顯的影響行為，是政治與藝術。政治家與藝術家非常類似；他們都透過作品（政見與藝術品）去影響其他的人。在影響過程中，有施者與受者。施者與受者之間的關係，叫做共鳴。（resonance）共鳴原是物理名詞，但是它在人類腦子中，一樣作用。通過共鳴，人類相互影響。通過共鳴，政治家要眾人接受他的政見；通過共鳴，藝術家要眾人接受他的藝術。

人類相互影響，是長期的事情。現代，人類因為網路，相互影響。以往，人類因為語言、文字、聲音、圖像，相互影響。方法有改變，行為並無改變。

影響當然有好壞，好影響有利於個人與眾人；壞影響不利於個人與眾人。東方修行者，有不願意受影響的思想。他們覺得，無論影響的好壞，都使得生活發生改變。他們願意過相對原始的生活，因為原始生活，是最簡單的生活。因此，東方修行者（無論瑜珈、佛家、道家）都有歸隱山林、離群索居的態度。目的，是減少受他人影響的機會。

修行者的本領，是心的鍛鍊；讓己心不與他心發生共鳴。這種奇異的想法，或許費解。但是，值得深思。動物的不受影響，稱為野性。也許修行者，也是不肯被文明文化馴化的一種人類罷。

說數字

　　人類最早的溝通方式,應該是肢體語言;(就像動物一樣)然後,是聲音語言;再然後,是書寫符號。書寫符號中,數字要早於文字。數字的功能,大約發展於交換,特別是交換中的價值計算。例如:五個蘋果換一個西瓜,十隻兔子換一隻羊等等。因為涉及價值計算,早期的數字運作,偏重于算數。(arithmetic)

　　隨著人類文明文化發展,數字從算數演變為數學。(mathematics)數學當然也要計算,但是數學可以表達概念,解釋現象。數學表達,是極為抽象的表達方式。它可以把非常複雜的文字表述,以簡單的公式表述之。在這裡,數學超過了文字,甚至代替了文字。一個數學公式,可以在不同文字的人群中,相互溝通。甚至可以說,數學是已知形式中,最準確而複雜的思惟方式。

　　因為準確與複雜,數字(數學)是一切科學的基礎。自然科學固然如此,醫學與生物學,也要大量利用統計數字。至於說人文社會科學,因為強調文字表達,有「反數字」的傾向。人文社會科學的數字應用,稱為量化。(quantification)很長一段時間,人文社會學者反對量化;認為量化降低了個別資料的獨特性。

　　無論討厭數字,或者害怕數字,數字在生活中無所不在。說一個最極端的情況吧。藝術應該與數字絕對無關。但是,藝術絕大部分是

由數字組成。藝術都有技術成分。技術，可以完全分解為數字。

　　音樂的音階，是一連串的數字；音樂的強弱，是一連串的數字；音樂的快慢，是一連串的數字。至於交響樂，更是不可思議的各種數字組合。把音樂家視為數學家，並不誇張。美術的顏色深淺，是一連串的數字；美術的色調明暗，是一連串的數字。美術的線條，更是一連串長短、粗細與角度的數字。把美術家視為數學家，並不誇張。事實上，所有的藝術天才，都是數學天才。只是，這些天才從來不碰數字；數字在他們的作品中，自然而準確的流露。

　　數字的精算者，非機器莫屬。（特別是電腦）因此，電腦藝術成為藝術發展的一個選項。然而，藝術除了技術，還有非技術部分。那部分的靈光一閃，常常是藝術家跨越技術的剎那；是藝術所以精彩動人之所在。那部分的精彩動人，不是數字可以描述，不是機器可以模擬。那部分的精彩動人，多半是一種矛盾與不協調；是一種恰如其分的不完美。機器可以利用數字追求完美，不能利用數字追求不完美。那種恰如其分的不完美，是藝術的趣味來源。或者說，數字上的錯誤，才是藝術的趣味源頭。（那種錯誤，正如甜食中的一點鹽味）

　　近代的數學與物理，都有數字上不可解釋的領域。學者冀望以數字解釋一切，可能是近代科學的一個誤區。也許，數字上的準確與不準確，才是完整的宇宙真相。才是人生的真相。

說暴力

暴力有無意識與有意識兩種。宇宙很暴力，它的相互撞擊，是一種毀滅性的暴力。這種暴力的背後，不是意識操控，而是物理操控。也就是說，宇宙的暴力是自然的；長遠時間來說，這種暴力破壞了和諧，也造成了（另一次的）和諧－各種物質的重新組合與新生。宇宙的暴力，是自然循環的一部分。暴力點燃了宇宙活力。

有意識的暴力，為生命－特別是動物所特有。動物維持生存，必須隨時吃東西。在肉食動物方面，暴力的行使極為明顯。覓食（多是異類相食）即是把其他動物殺死而吃下去。這種暴力，也可以說是自然循環的一部分。這種暴力，是必要之惡。（necessary evil）這種暴力，有理性成分在其中。

人類的暴力特徵，並不在於異類相食，而在於同類相殘。人類社會是特化的社會，（無論村鎮、都市、國家）許多家庭群居一起，共處共享資源。這種情況，與其他動物極不類似。一般群居動物，在雄性發情後，便離群自力；避免雄性荷爾蒙的干擾。雄性荷爾蒙是鬥爭性荷爾蒙。人類社會，因為人口眾多的特化群居，導致荷爾蒙相互激盪，大大助長暴力行為滋生。情緒性的暴力，沒有理性可言，是無意義的暴力。這種暴力，在人類社會中，相當普遍。人類未必比動物暴力，但是這個奇特的群居社會，讓人類更暴力。人類的暴力，常常有憤怒在其背後。憤怒，當然是一種情緒。（動物的覓食暴力，並沒有

任何憤怒）

暴力有兩個層次。一個是暴力的前身－恐嚇，一個是暴力的本身－毀滅。就人類而言，前者多稱為語言暴力，後者多稱為肢體暴力。（其實，語言暴力並非僅限語言，各種裝腔作勢，都屬於這個範圍。動物沒有語言，則以聲音恐嚇之）語言暴力，是肢體暴力的一個預告；也可以稱為虛擬暴力。如果虛擬暴力達到效果，實體暴力可能不會出現。小至個人的街頭謾罵，大至國家的軍事演習，都有虛擬暴力成分。

人類暴力，常常伴有憤怒；憤怒是情緒，情緒是可以操控的。人類暴力最可怕呈現，莫過於戰爭。兩軍相爭，彼此殘忍的相互殺戮，當然有情緒支撐。「同仇敵愾」說的很明白；那種情緒非但是憤怒，更是仇恨。戰爭的前奏，就是挑起仇恨。這種操控，並不掌握在軍隊手裡，而是掌握在國家手裡。（軍隊，只是執行暴力的工具）誰是最暴力的人物，似乎呼之欲出。

動物的暴力，是必要之惡。它是一個食物鏈的循環。人類的暴力，有後遺症，那就是報復。（動物的受暴者，被吃掉了，如何報復）報復是暴力持續不斷的一個重要原因。報復，導致更多的暴力。

暴力是自然法則的一部分。無意識的暴力與有意識的（理性）暴力，在所難免。但是由情緒主導的各種無意義暴力，始終與人類常相左右。免除暴力，要從人類的自覺上做起。某個意義上說，這種自覺就是進化。這可是一條漫長之路。

說養生

　　養生是保養生命，衛生是保衛生命；意思很接近，都是保護好生命。衛生，現在多做愛乾淨解釋，可惜了它的本意。

　　養生（或者衛生）應該一輩子從事。但是年輕人身體好，不關心身體；養生變成老年人才重視的問題。身體的確跟年齡有關，特別是荷爾蒙的分泌多寡。老年人重養生，是現實的需要。老年人對身體狀態改變，感覺明顯；年輕人沒有這種感覺。

　　人類有兩次大的荷爾蒙變動。一次是青春期，一次是更年期。前者荷爾蒙快速增加，後者荷爾蒙慢慢減少。人類的生命，就在這兩次增加與減少中度過。養生，也圍繞著這個變動有所不同。年輕人養生，應該放在強化體能上面；累積肌肉，強化筋骨。這是身體的儲備期，所謂打好底子，就是這個意思。老年人的養生，應該放在維持體能上面。因為，年紀大了，肌肉與筋骨逐漸弱化；誰維持的好，誰就能減緩老化。這是生理的養生，不同階段，不同作法。

　　除去身體養生，還有心理養生。年輕人當利用荷爾蒙之豐沛，貫徹意志，在各方面努力。老年人當適應荷爾蒙的衰減，放下意志，在各方面看淡。這是心理的養生，不同階段，不同作法。

　　至於生理養生與心理養生，何者重要。一般說法，認為心理更為

重要。因為，身體強壯與否，是一個物質問題。物質的成、住、壞、空為必然；（在物理學上，這個毀壞過程稱為「熵增」）身體的生理作用，終將停止。也即是說，無論如何鍛鍊，身體還是會衰老。因此，有些人年紀大了，並不注重身體，認為生理保養，最後還是一場空。不如吃喝玩樂，心理快樂就好了。

事實上，存在決定意識：生理健康，方有心理快樂的條件。生理不健康，心理不容易快樂。佛家唯心，但是對於身體的存有，也極為重視。所謂的「借假修真」，便是此意－身體雖假，（有成、住、壞、空）但是必須藉其平台，修習心靈。身體消失了，心靈也就不能成長，或者跟著消失了。禪家喜言「身心自在」－身在前，心在後，或有無上密意。

生理（身體）保養，莫過於運動。運動，可以分為重力（增加肌肉與力量）伸展（增加柔軟與靈活）有氧（增加心肺的循環功能）。這三種健身運動，都相當單調。需要養成習慣，持之以恆。

除了運動外，還應該注意四件事，保養身體。
一，營養。身體由各種物質構成，必須充足獲取。其中水與蛋白質最重要。
二，睡眠。睡眠是身體的修復機制。道家有「睡功」說，強調身體時時修復。
三，冷熱。身體寒冷，導致免疫力低下；中醫所謂「百病起於寒」，有絕對道理。
四，清潔。身體不清潔，各種細菌微生物孳生。不清潔身體，多起於懶惰。

說戰爭

　　戰爭，是群體的大規模暴力鬥爭。這種情況，在動物的異物種間，不會發生。因為，動物的異物種關係，是相食的關係。那種關係裡，強弱明顯，沒有相互鬥爭的可能；弱方沒有與強方鬥爭的本錢，遑論發生戰爭。動物在同物種間，彼此會出現鬥爭場面。那是為了爭奪配偶與食物。但是大規模的暴力鬥爭，（為了求偶與覓食，一群動物將另一群動物消滅）很是少見。戰爭，可以說是人類獨有的行為。

　　人類的異物種戰爭，在人類未登上食物鏈頂端前，不會發生；因為食物鏈是食與被食的關係，不是戰爭的關係。當人類登上食物鏈頂端，並且建立封閉食物鏈（農業與畜牧業）時候，異物種間，更是沒有戰爭的必要。人類只需要生產囤積大量動植物，然後把它們吃掉。
　　近現代，人類與細菌或者病毒之間，倒是開始了戰爭。地球上的生物，對人類生命最大的威脅，不是豺狼虎豹，而是細菌與病毒。這種戰爭曠日持久，因為細菌與病毒可以快速產生變異，低檔人類攻擊。人類在這種戰爭中，處於被動挨打局面。最終，細菌與病毒會不會毀滅人類，是難以預知的事情。

　　綜觀歷史，人類同種之間，不斷發生戰爭，大規模的屠殺同類。人類是最會同類相殘（雖然未必同類相食）的生物。這個問題，在人類的親戚－各種猿類身上並沒有出現。因此，人類同類相殘的劣行，不出於先天基因的設置。人類的戰爭行為這樣恐怖，是因為武器的問

題。人類發明了遠遠超過需要的武器。

　　人類武器的特色，在於用火與投擲。這兩種武器，其他動物都不具備。古代人類，征服其他動物，就是靠著這兩項本領。古代的矛箭投石，是純粹的投擲武器，近代的槍砲火器，是複合式（投擲加上用火）的投擲武器。這種武器，有爪牙皮毛的野獸不能承受，何況赤身裸體的人類。

　　動物的武器，在面對同種的求偶覓食挑戰時候，有一種驅離的作用－只要分出勝負，負者就會自動離開；勝負雙方，都沒有死纏爛打，趕盡殺絕的動作。這種驅離的作用，也就是屈服的作用。因此，同種動物間難有生死鬥爭，或者戰爭。人類的武器，有巨大的殺傷力。不具備屈服作用，只要發動，便會導致對手死亡。過於強大的武器，是人類鬥爭殘忍，大規模相互殺死的原因。至於相互殺死而出現的仇恨心理，更是人類特有的一種情緒。那種情緒，導致報復，使得戰爭持續不斷。

　　有一句話，叫做「武器不殺人，人殺人」。（Weapons don't kill, people kill）那是武器販子的天大謊話。人類的武器，沒有必要的太過強大。它令戰爭失去自然賦予的鬥爭目的－屈服對手。它也令人類背負了殘忍（性惡）的罪名。人類並不比其他動物殘忍，過當的武器，使得人類殘忍。

說歷史

人類可以理解的時間，是過去、現在與未來。未來尚未發生；現在不能掌握；（觀察手錶，心中默念那個時間，那個時間就是錯的；那個時間已經過去）基本上，人類是活在過去的記憶中。無論那個記憶是十年前、一天前、還是一秒鐘以前。人類只能認知過去的事情，人類是依靠過去活動的生物。過去的，就是歷史。歷史是時間的學問。

歷史是過去發生的事，如果要這些事，形成較為長久的記憶，就要把它紀錄下來。因此，也可以說歷史是一種記憶紀錄。這種紀錄，通常通過口述、文字、文物（如今加上電子訊息）得以保存。紀錄，是歷史的重要功能。沒有這些紀錄，每一代的人類，都將如同動物一般，一切從頭開始；文明與文化也不會出現。

紀錄的真偽，是一個大問題；也是歷史常常遭到質疑的地方。紀錄是人為的，人是主觀而有立場的，因此歷史當然有真偽。歷史的真偽，源於史料（歷史材料）的真偽。從史料而言，口述歷史地位最低。（原始人的神話故事，都是口述而來；講的並不是真實事情）口述表示全然的個人立場，難以還原歷史真相。（僅可作為參考）文字史料真偽也很難說，文字經過書寫，代表書寫者的個人立場，或者團體立場。較為可靠的文字史料，是檔案；也就是官方原始文件。當然，竄改檔案，也不是不可能的事情。

文物史料，為最可靠的史料。它們主要根據科學的考古（archaeology）發現，來源清楚。同時，文物是一種客觀的歷史物件，（例如埃及金字塔或者唐朝花瓶）它沒有什麼主觀的立場問題。問題是，這種相對客觀的歷史物件，不會開口說話。它的歷史意義，需要專業（考古學以及美術史學）的解讀。

　　經過口述、文字與文物，保留下來各種歷史；可以說，凡是涉及政治與宗教部分，需要謹慎及保留。凡是涉及好人壞人，善人惡人部分，需要謹慎及保留。因為政治與宗教，最容易因為立場不同，而出現不同甚至相反的紀錄。至於其他部分的歷史，相對爭議性少。例如文明史、文化史、科技史、藝術史等等。這些歷史，多半是純然的紀錄。這些歷史，也多半是根據文物，根據科學的考古發現而獲得。

　　歷史的功用在於紀錄，也在於「鑑往知來」。也就是吸收過去教訓，不再犯錯。這件事情，發展出不同的歷史研究派別。有的派別並不重視「鑑往知來」，而重視歷史片段；他們對於歷史的細微末節感興趣，走上考證的歷史專家路子。有的派別認為「鑑往知來」最重要，歷史的連貫性最重要；他們對於歷史的發展規律感興趣，而走上歷史學者的路子。這兩種派別，都有特色。前者更像一個科學家，後者更像一個思想家。

　　歷史是很有趣的學問，它跟每一個人都有關係。雖然大多數人，並沒有感覺到。

說遺憾

　　失敗，是意志不得遂行；人人皆有獨立意志，都有想要達到的目標。意志不得貫徹，就是失敗。遺憾看似與失敗很接近，但是遺憾不是失敗。

　　意志的背後，由慾望主導。宗教要人類減少慾望。減少慾望，自然挫折與失敗相對減少。但是，遺憾跟意志沒有很大關係，跟慾望也沒有很大關係。遺憾與命運有關係，遺憾是冥冥中，一種因緣際會的失落。遺憾有悲劇成分。

　　英文有句話 Pick yourself up from where you've fallen。中文翻譯為「哪裡跌倒，哪裡爬起」。這句話很激勵人心，說明堅持不懈的重要性。遺憾是無論如何努力，事情還是發生了。遺憾只能以命運解釋之。遺憾有意外成分。

　　古話說「萬般皆是命，半點不由人」。算命之事，雖然神秘，但是連務實的孔子，都說過「五十知天命」。可見命運雖然難以理解，卻似有安排。

　　命運這件事，真實存在麼。命運不能用科學解釋，但是每個人都可以感覺到，有什麼力量或者規律操弄。這種操弄可以是好的，也可以是不好的。不好的那部分，就是遺憾。純然的唯物者，不承認那種力量或者規律，認為所謂操弄，所謂「命運弄人」只是偶然的機率罷

了。這種說法，也是一種見解。遺憾有機率成分。

　　對於命運，前人有「意志天」與「自然天」說法。前者認為命運由一種意志（神明）控制。後者認為命運由一種規律控制。

　　量子力學認為，世界的運作方式，為「不確定性」。這種不確定，也是人生的必然。「必然不確定」，聽起來有點拗口，卻是事實。《易經》的簡易、不易、變易「三易」道理：「唯一（簡易）不變的（不易）就是變（變易）」，說明了「必然不確定」的人生真相。避免人生遺憾，是不可能的。每個人都有遺憾的事情。

　　人類可以和意志計較，和慾望計較，但是不能跟遺憾計較。因為，遺憾不可逆轉；跟悲劇、意外、機率計較，沒有任何勝算。在這裡，「哪裡跌倒，哪裡爬起」不管用。另外一句英文 when a door closes another door opens。中文翻譯為「當一扇門關了，另一扇門開了」很管用。（這句話與《聖經》無關，是發明電話的貝爾說的）佛家也說「何必多計較，自有大乘除」。（「大乘除」就是命運安排，也就是「另一扇門開了」）遺憾的事情，像是一塊石頭擋著路；花時間研究它、敲擊它、坐在上面沈思，都不能解決問題。唯一辦法，就是繞過它，繼續前行。再回頭，發現石頭還在那裡；只是它越來越遠，越來越小，並且，毫無意義。

　　不允許人生有遺憾，是不聰明的，甚至不健康的。沒有遺憾的人生，是極端完美主義者的想像世界。蘇東坡說「人有悲歡離合，月有陰晴圓缺」，說透了人生的完整與完美問題－完整，是陰陽的總和，是完美與不完美的總和。

蘇東坡，是一個了解遺憾的人。

說戲劇

　　戲劇，是藝術的一個項目。（藝術包括美術、音樂、舞蹈、戲劇等）這個項目在藝術中最為奇特。其他項目都是感官藝術，而戲劇雖然也是需要視覺、聽覺，但是它會在大腦中形成意象。戲劇之所以感人，不是因為視與聽，而是因為思考。這一點，讓戲劇與文學發生關係。

　　所有的戲劇，都可以轉換為文本（劇本）形式。所有的文本（文學）都可以轉換為戲劇形式。戲劇可以說是文學的具體呈現。戲劇與文學是雙生子。

　　動物沒有藝術，但是動物在求偶時期，有類似感官藝術的表現。（美麗顏色、肢體動作、悅耳聲音）然而，動物沒有戲劇。因為，戲劇是現實情境的虛擬化。動物不會這種虛擬化。虛擬化是人類特有的本領－展演出不是事實的情境。人類是唯一會說謊的動物，說謊也是一種虛擬。如果說，說謊與戲劇有些關係，也不為過。只是二者的動機不同：說謊是虛擬的掩蓋事實，戲劇是虛擬的創造事實；說謊是為了個人私心，戲劇是為了傳達一些觀念。

　　戲劇傳達的觀念，多半是現實世界的隱晦道理。如果這些道理非常明顯，則不需要再虛擬，現實就可以說明一切。所謂隱晦的道理，常常是不為社會認可的道理。這些道理通過虛擬，既可以讓人理解，

又不違反社會規範。如果虛擬的太過真實，則為社會不允許－那就是各類被禁止的戲劇了。因此，戲劇是一種恰到好處的虛擬；太輕則不能感動人，太重則受社會抵制。可以說，戲劇是一種「擦邊球」的虛擬。戲劇有其分寸與禁忌。

人類社會是獨特的群居社會；最嚴重的禁忌，就是性與暴力。性與暴力，本是生物的求偶、覓食方法，但是在人類社會中受到管制。因此，性與暴力，是人類行為最隱晦的部分，也是戲劇中最重要的成分。當然，這種成分，需要通過藝術家，包裝的很好。

戲劇並不是藝術家的特長。在社會上最懂得戲劇的人物，是政治家。政治是一種藝術，講的更準確，政治是一種戲劇。民主社會裡，政治家通過表述，戲劇化的設計未來藍圖，用以打動人民。好的政治家，那張藍圖是為了人民福祉；壞的政治家，那張藍圖是為了個人私利。戲劇是一種藝術，藝術的遂行，要靠兩造的共鳴；戲劇也要靠共鳴，政治也要靠共鳴。戲劇是最貼近生活的藝術，政治也是最貼近生活的藝術。戲劇是一種虛擬情境，政治是一種對於未來的虛擬情境；那種情境，或者有實現的可能。

西方人比東方人懂得虛擬。西方的戲劇，自希臘時代（或者更早）就已經是重要文化項目。古代東方，則視戲劇為小道。西方人比東方人更懂戲劇與政治的關係；自希臘時代（或者更早）劇場就是展演戲劇與政治家演說的場所。東方對於戲劇與政治的認識，相當欠缺。雖然佛教說「凡所有相，皆是虛妄」，這種想法真正應用在現實上，並沒有想像中的普遍。

說謊言

　　動物不說謊，但是，動物有「類說謊」行為；多半發生在求偶、覓食情況下。例如：某些鳥或魚，在求偶時改變顏色，作出肢體動作，以吸引異性。那種吸引很難定義為說謊，只能稱之為誇張。又例如：某些水生動物，頭部長出游動小蟲般器官，吸引其他魚類接近，進而捕食之。那也很難定義為說謊，只能稱之為誘捕。（同理，蜘蛛、蟻獅結網挖洞，讓獵物落入陷阱，都是隱藏暴力的覓食方式，都不能視之為說謊）簡言之，動物會為了求生存而欺騙；會欺騙的動物，顯然智力較高，然而牠們不會說謊。

　　人類說謊，與動物的欺騙相較，需要更高智力。說謊，是透過語言和文字，編織一個虛擬的情境，讓人信以為真。說謊，是腦子的想像力與結構力的結合。（所謂小孩子不說謊，就是想像力與結構力尚不發達緣故）說謊的目的，可以分為引導與隱藏兩種。前者捏造故事，敘述未發生事件，迷惑他人。後者捏造故事，敘述已發生事件，迷惑他人。

　　說謊，有保護自己、傷害別人的意圖。如果沒有這種意圖，有時候稱為善意的謊言。（white lie）雖然，善意與否很難分辨。拋開意圖，純粹就腦子的想像力與結構力而言，能力最強者，是文學家與戲劇家。

人類的文明文化中，最擅於引導的，莫過於宗教。宗教編織一個美好的（永生的）未來。這個引導，涉及所有人類對死亡的恐懼。因此，一般人不去計較宗教引導的真實性。因為，若是那個美好（永生）的未來不真實，將使得人類更為恐懼。因為科學的進步，宗教神祇發生改變，原有的諸神形象，漸漸由宇宙能量、信息，甚至外星人代替。人類期待救贖的心理，從來不曾改變。神話式的宗教，變成了科幻式的宗教。

　　人類的文明文化中，最擅於隱藏的，莫過於歷史。基於成王敗寇的規律，歷史由成功者撰寫，而非失敗者撰寫。成敗是參與者的鬥爭結果，而不是參與者的善惡結果。然而，成功者為善，失敗者為惡，卻是歷史紀錄的主旋律。歷史中，是非對錯、好人壞人，被成功者主觀的書寫著；歷史實相的隱藏（扭曲）是極普遍事情。對於歷史的真實，也少有人去計較。因為，歷史的合理，是現實合理的基礎。計較歷史的合理，必然擾動現實的合理。質疑因，即是質疑果；否定過去，即是否定現在。這種否定，乃顛覆社會的大工程；因此，一般人不計較歷史隱藏的部分。

　　宗教的論述－經典，與歷史的論述－史籍，都有強烈的文學性與戲劇性。當人類文明文化重要構成中，有文學戲劇性格時候，希望一窺世界實相，相當困難。

　　一般人都認為，文明文化的演變，是由科學主導。如果說，文明文化的演變，是由文學家與戲劇家主導，恐怕很少人能夠接受。

說藝術

藝術有兩個定義。狹義的定義，是美術、音樂、戲劇、舞蹈等項目的總稱。從事這些活動的人，都可以稱為藝術家。文學也是一種藝術，但是多半單獨成項。因為美術、音樂、戲劇、舞蹈等都是感官（眼、耳、鼻、舌、身）的藝術，而文學是一種思想（意）的藝術。文學與藝術，合稱文藝。

藝術的廣義定義：是泛指人類所有的活動，到達了高明境界；例如政治藝術、軍事藝術。那是對於各種高明人物的讚美之詞。似乎藝術有神秘莫測的地方。

藝術是很神秘，它的來源，可以從動物的行為理解。動物沒有藝術，但是動物在求偶時候，會展現美麗顏色，肢體動作，悅耳聲音。因此，藝術起源於求偶活動。動物只有在發情期，才有接近藝術的展現。人類把這些展現綜合起來，成為獨立的精緻文化。觀察原始人類舞蹈，多有性動作夾雜其中，可以對藝術與求偶的關係，深一步理解。社會上談到藝術，總讓人有女性的陰柔細緻感覺，或者，是早期求偶觀念的遺留。藝術，有隱約的男女調情色彩，有隱約的愛戀感覺。這也是藝術家總給人浪漫感覺的原因。

藝術是調情（調動情緒）的活動。所以它不能單獨存在，必須有兩造的施者與受者。一方挑動情緒，一方情緒被挑動，藝術行為才得

以完成。這種挑動與被挑動稱為共鳴（resonance）現象。共鳴，原來是一個物理名詞：頻率相同的東西，彼此感應。藝術共鳴，只是借用物理名詞，說明通過藝術方式，人類的情緒也可以相互共鳴，相互感應。所謂打動心弦，是最好的形容；它解釋了藝術與物理之間的類似關係。（弦樂器，是容易感受到物理共鳴的器物）

藝術是調動情緒的活動，形上、唯心而虛幻。但是人類需要這種虛幻，使自己暫時脫離煩雜現實，獲得平靜。人類因為獨特的大量群居方式，鬥爭情況超過其他動物。為了減少鬥爭，人類發明了道德、宗教、法律與藝術。前三者是剛性的荷爾蒙控制機制，後者是柔性的荷爾蒙抒發機制。道德與宗教，失去了古代的力量，今日社會，基本要靠法律維繫。藝術這種抒發性的機制，雖然仍有它的地位，卻也開始變形。

藝術最大的社會功能，是製造虛幻的，類似愛戀的平靜，安撫人心。現代人類，因為社會節奏快，極度不安。柔性的抒發機制，理當更為重要。但是，現代藝術不再是鎮定劑，而是興奮劑。現代藝術崇尚刺激，造成不平靜的共鳴。人類在現代藝術的刺激下，荷爾蒙被調動的騷亂起來，而非沈靜下去。傳統的藝術功能，逐漸消失。（這個問題，不需苛責藝術家。因為藝術只是反映社會。社會如何，藝術家便如何反映）

如果道德、宗教、藝術的社會意義都失去，而唯由法律支撐，那是冷冰冰的可怕世界。百年前，蔡元培提出「以藝術（美育）代替宗教」想法。今天的問題是：人類未來，又要以什麼代替藝術呢。

說願望

　　願望，和希望有點不同；願望比希望的意志成分多。佛家說發願，儒家說立志。如今二者合一，有了志願的這個名詞。願望還是偏重佛家，有些宗教意味。因為願望實現了，有個還願的感謝動作。立志就沒有這個動作。

　　立志和發願，都是替未來訂一個目標，作一種規劃。基本上，願望是動力的來源，是意志的貫徹。願望能不能實現，和意志能不能堅持有關。因此，願望與意志，是一體兩面。沒有意志的遂行，願望不容易實現，而落入空想。

　　佛家是講究願望的宗教，因此，也是講究意志的宗教。為了實現願望，佛家對於意志的鍛鍊，非常重視。其方法，就是守戒。據聞，佛陀滅度前的最後一句話，是要求弟子「以戒為師」。守戒，是意志的鍛鍊－根據各種戒律，要求自己一定不作（或者一定作）某些事。這種一定不作（或者一定作）的能耐，就是靠意志堅持。久而久之，意志便會強大，而成為意志力。每個人都有意志，但是不是每個人都有意志力。意志力，經由訓練而來。佛家稱鍛鍊過的意志力為戒力。

　　人類是一種動物，動物本能上都好逸惡勞。原因來自於生物學規律－節省能量。除了人類，沒有任何動物，從事額外的精神、肉體鍛鍊，以增加意志力。所以，佛家認為六道中只有人可以修行，便是這個道理。

然而，戒力是一種中性力量；單獨存在，沒有意義。戒力必然有更實際功用；前面說的，願望與意志，是一體兩面，在這裡有了連結：守戒與發願，是一個因果關係－戒力（意志力）越強，願望越容易實現。佛家稱願望實現的力，為願力。戒力只是工具，願力才是目的。發願才能有結果。

　　戒力與願力邏輯，可以通俗的說：只要努力（貫徹意志力）便會成功。事實上，又不僅止於如此。比較深入佛家、道家、瑜珈的人，都會發現，戒力、願力雖然會導致努力；但是，戒力、願力似乎有自身的力量，讓願望更容易實現。這種情況，叫做心想事成，叫做念力。通過冥想中的意念，可以影響現實世界的運作。心想事成，古代以為神秘，近代以為無稽－精神不能單獨存在。物質在先，精神在後。存在決定意識，意識不能決定存在。

　　然而，自從量子力學出現後。這種看法，有了驚天改變。量子力學最詭異的現象，就是量子糾纏；一個物體可以不通過粒子交換，影響另一個物體。愛因斯坦說這種現象是 spooky action at a distance。（鬼魅般的遠距作用）物理學家，至今只能闡述這個現象，但是說不出道理。因為，物理學不能承認精神；如果承認精神，就進入宗教的神秘主義部分了。那個 spooky action 是非物理的力，不是精神的力又是什麼呢。

　　精神可以單獨存在，並且反過來影響物質。這件事在科學上是可以證明，不能解釋的。古代東方修行者，早就發現了這個事情。早就

發現了念力與願力之間的 spooky action。佛家讚嘆這種現象為「不思議」。

「不思議」是佛家術語。不可思議是根據「不思議」而來的四字成語。

說辯論

　　有一句話，喚做：真理越辯越明。這句話理論上是對的，但是有細講的必要。

　　真理是否越辯越明，要看辯論（debate）題目性質。如果其性質，是自然現象，真理會越辯越明。因為，自然科學所追求的真理，強烈要求實驗證明；辯論本身不具決定性，只能視為實驗的說明而已。具決定性的，是實驗結果；無數實驗獲致的相同結果。

　　也可以說，自然科學的辯論，不是口頭或文字辯論，而是實驗結果的辯論。這種辯論結果，具有完整的說服力。相反意見者純然思維上的反駁，不具意義；除非也提出一種有說服力的實驗結果。因此，自然科學的真理，可以越辯越明，因為它的辯論所據，有其獨特地方。

　　至於人文社會科學，情況就不一樣。辯論在這個範疇中，是通過邏輯方法的口頭與文字對抗，而沒有實驗證明的過程；因為關於人文社會問題，根本不能夠實驗；更何況，要求無數相同結果的實驗。

　　這裡面，問題便出現了。當辯論的主要工具，僅只是邏輯的時候，真理不會越辯越明，只會越辯立場越分明。因為邏輯是一種思考方法，它和真理沒有必然的關聯。任何人掌握邏輯方法，都可以將其思考結構，置於所需辯論（與對方相反）的資料之上；而形成足以透

過邏輯，說服他人的言論。此時會出現兩種情況：

一，在雙方的邏輯強度類似（意志力也類似）的時候，立場便會持續對立；越辯論，立場就越因辯論資料增加而鞏固。所以，自然科學家越辯論，越看清楚真理。而人文社會科學家，越辯論，越看不清楚真理；充其量，只能好聽地說，形成了很多派別；從不同角度去看真理，而沒有結論。中國人所謂「公說公有理，婆說婆有理」，雖然只是俗諺，卻講得很傳神。

二，當辯論雙方的邏輯強度有差異（或者意志力有差異）的時候，一方辯論者的立場不能夠堅持，勝負便會出現。但是勝利者，不代表擁抱真理，只是失敗者的邏輯架構坍塌了，不能與對方繼續在邏輯上論證；或者，不能適當的糾正與跳脫對方的邏輯陷阱，以至於無理可講，無話可說。

因此，當邏輯強弱明顯的時候，強者將肆無忌憚的施展其詭辯伎倆，因為弱者無法指出其邏輯破綻。對於堅信邏輯與真理有必然關係者，《公孫龍子／白馬論》的無厘頭論述，可以作為一個參考。

單純的邏輯辯論，使得勝利不因真理對錯而產生，而因邏輯強弱而產生。這種場面出現的時候，真理不會越辯越明，只會形成分歧、誤導與混亂。

（這篇文章，是2006年寫的。它和其他文章體例、語法都有所不同。隨意翻檢出來，發現幾十年來，對思想問題的興趣，始終如一。加入本文集中，算是一種紀念）

說權力

　　權力，和團體有關。完全隔絕於團體的個體，沒有什麼權力問題。一個獨居的動物，一個獨居的隱士，都沒有權力問題。權力與群體中的利益分配有關。

　　在動物界，群居動物的權力，多屬於個體權力。也即是說，群居動物的權力，來源於個體暴力；它與體型、力量息息相關。人類是一種特殊的組織群居動物。為了維繫組織運作，暴力受到遏制。人類的權力，多不來自個體暴力，而來自群體階級。人類的權力，屬於組織權力。人類靠著組織，而獲得權力。有權力，就可以分配組織利益。

　　階級，是人類組織的要件。（沒有階級的組織，形同散沙，不能形成組織力量）不同權力附屬於不同階級。階級越高，權力越大。動物的權力，隨著個體的年齡老大（暴力的失去）而漸漸被剝奪。人類的權力，與年齡沒有太大關係。只要擁有階級，便擁有該階級的權力。因此，人類爭奪權力的方式，是爭奪階級位置。階級位置，是權力的象徵符號。

　　群體中出現權力，有兩個自然的作用。第一，維持群體經濟。第二，維持群體安全。無論動物還是人類，擁有權力者，應該有上面兩個方向的付出。不肯負擔經濟、安全責任者，沒有資格扮演分配者角色。即便佔有階級位置，權力也不能持久。

人類權力，還有一個特色異於動物，就是可以作為交換平台。權力存在，本是為了獲得利益。人類可以透過權力，互相交換利益。這是人類權力的黑暗面，它不止可以控制他人，也可以犧牲他人。權利不等於政治，但是有權力的人，常常搞政治動作。

　　權力的追逐，與權力慾有關。權力慾看似一種情緒，其實，它就是權力意志（will power）的追求。權力意志，是生命得以存活的精神力量。生命存活，只有兩種現實意義－求偶與覓食。每一個生命，都希望展現權力意志，達到求偶與覓食的目的。覓食不是無限的慾望，所有生物，吃飽了便不再覓食。（人類的貪食，是一個例外）但是，從群居動物觀察，求偶是無限慾望；它不以性滿足為目的，而以傳播基因最大可能性為目的。因此，團體中雄獸的性行為，都有獨佔性（與團體中所有雌獸交配）與排他性。（不允許其他雄獸與雌獸交配）這種慾望，是基因裡的一種自然驅力。它的作用，是使得最優良的基因延續，而淘汰不良基因。這種求生命延續的權力意志，是最強烈的權力意志；是不能超越的權力意志。

　　人類特殊而不自然的社會，對於個人權力意志，有各種壓抑的機制－例如道德、法律、宗教。而婚姻制（一夫一妻制）的出現，更是對權力意志中的求偶驅力，限制最大。然而，荷爾蒙的指令，仍然存在於基因之中。人類各種衝突與鬥爭，都可以說是權力意志的展現；都可以說是，變相求偶驅力的展現。

　　人類生長過程中，最早的權力慾騷動，是異性間的爭風吃醋。當然，這是人類權力的幼稚階段。人類社會的成熟權力，以組織階級行使之。

說變化

變化是奇妙的事；總給人好或不好影響。年輕人喜歡變化，老年人不喜歡變化。變化是不能避免的；萬事都在變化，人類生活在變化的環境與狀態中。

以為變化是常態，不變是異態，是有智慧的，但是還存爭議；似乎事物可以分為變與不變兩部分。事實上，不變不存在。萬物皆在隨時變化。不變，只是沒有被觀察（感覺）到而已。任何變化，都有先兆；細微變化，終將匯集為巨大變化；這就是由漸變而突變的道理。變化原則，是量（數字）的改變。變化可以量化，（quantization）從宇宙到人生，皆是如此。變化是一個物理學問題。

善於觀察變化的人，觀察漸變而非突變；所謂見微知著，所謂一葉知秋。這種細緻觀察，叫做知變－預知變化。知變後，就要作好準備，迎接或者避免突變。這種準備，叫做應變－應付變化。人生是知變與應變的展現。這種展現，是人類的趨吉避凶本能。

動物都會趨吉避凶，但是，趨吉避凶能力顯然不如人類；那是因為腦力不行所致。至於物理世界，完全無法知變應變。該種情況，稱為順應自然。人類為萬物之靈，一大部分，源於控制變化的本領。

對於變化的闡述，莫過於《易經》。易經號為「群經之首」；它不

屬於特定的思想派別，而是出現在先秦諸子之前。《易經》是中國文明文化的核心思想。《易經》有六十四卦；每一個卦，由六爻組成。爻與爻之間，有邏輯上的關係；卦與卦之間，也有邏輯上的關係。整部《易經》，從頭至尾講的都是變化。

《易經》分為「經」「傳」兩部分。「傳」是解釋「經」的文字；也稱「十翼」。「十翼」裡有一篇「序卦傳」，專門講六十四卦相互之間的變化關係，因果關係。

《易經》本是一部占卜的書。它的重要不在算命上，而在變化的理解上。透過爻、卦的推論，令人思路趨於理性。因此，有「善易者不卜」的古話，說明《易經》價值所在。變化與時間關係密切；時間不斷推移，變化不斷發生。說《易經》是講變化的書，也可以說《易經》是講時間的書。

古印度對變化也有認識。《金剛經》說「凡所有相皆是虛妄」，即是指時間而言；時間不斷推移，所有相隨之發生變化；故，沒有實相，只有虛相。因果，由時間連續所產生。時間停止，因果即停止。東方對變化的觀察，基礎在於時間。這是東方智慧所在。

然而，中印畢竟不同。中國的態度積極，印度的態度消極。中國對於變化，採取知變應變、隨機應變。印度對於變化，採取不立分別心、不變應萬變。唯物與唯心，從這裡看見了端倪。世間法與出世間法，從這裡看見了端倪。雖然都是東方古國，中國文明與印度文明，有根本上的不同。

說靈魂

　　靈魂在今天,還不是一個科學名詞,而是一個神學名詞。也即是說,它難以觀察,難以實驗,難以量化。靈魂是文化現象,而不是科學現象。這種文化現象,有一天可以科學證實嗎,很是難說。因此,談論靈魂,是在一個不確定的假設下,靠著邏輯推演而已。這種推演,因為假設的不確定,而不能有確定答案。

　　一般說法,靈魂與肉體相對;它是肉體之外的一種存在。靈魂與精神類似,因為精神與肉體也是相對。相信靈魂的人,認為人類是肉體與精神的二元之統一;同時,二者也可以單獨存有。

　　靈魂與道家「精氣神」理論的神很接近。道家對於神,有兩種定義。一是神仙之神,一是神識之神。「精化氣,氣化神,神還虛」的那個神,就是人類的意識。所謂「六神無主」「失魂落魄」就是指意識渙散。那種只剩肉體,而沒有靈魂的情況,稱為「行屍走肉」。

　　道家的形容,是大多數人都有的經驗;靈魂或者神識的說法,只是把意識換了一個名字罷了。而意識的存在,是科學可以證明的;所有的精神疾病患者,都是意識出了問題。所以,精神病叫做靈魂病,也未嘗不可。那也只是換了一個名字而已。

　　實際上,關心靈魂的人,並不關心靈魂的有無,而是關心靈魂

（意識）可不可以單獨存在。人類並不希望活著的時候，靈魂脫離肉體－「靈魂出竅」是件麻煩（甚至可怕）的事情；至少，它對人類沒有什麼好處。然而，當人類死亡時候，「靈魂出竅」就是極為可喜的事情了。那種靈魂的單獨存在，表示死亡只是一道門檻；通過死亡，人類靠著靈魂而永生。這是靈魂與神學的關係，因為所有宗教（原始道教除外）都是講死後世界的事情。承認（渴望）死亡後，靈魂能夠單獨存在，深深印在每個人的潛意識中。因為，每一個人都恐懼死亡。靈魂單獨存在，似乎是，人類的最後救贖。

　　靈魂（意識）可以單獨存在，真是一件好事麼。這裏有個嚴肅推論，那就是靈魂保存著記憶嗎。記憶是意識的重要部分。有意識而無記憶的人，稱為失憶者。那種人活著沒有任何意義，因為他不知道他是誰。失憶者的靈魂，是一個失憶的靈魂嗎。如果一個靈魂沒有記憶，這種永生又有什麼可喜呢。不知道自己是誰的靈魂，是可悲的靈魂。如果沒有記憶，並不是失憶者靈魂所獨有，而是所有離開肉體靈魂的特質呢。那種失憶的永生，是東方宗教所謂的虛無嗎。

　　民間傳說中，孟婆用忘川水製作孟婆湯，給所有通過奈何橋的靈魂喝一碗。靈魂便沒有記憶了，便失憶了。這是一個好笑的故事，還是一個恐怖的故事呢。奈何橋的奈何二字，真是點睛之筆。真是無可奈何。

　　有一天，科學或可證明靈魂不滅。但是那種不滅狀態，未見得是人類所期盼的。

王大智作品集　青演堂叢稿八輯隨筆　9900A08

青演先生如是說

作　　者	王大智
校　　對	王大智

發 行 人	林慶彰
總 經 理	梁錦興
總 編 輯	張晏瑞
編 輯 所	萬卷樓圖書股份有限公司
封面攝影	王美祈
封面設計	宋扶雁

發　　行　萬卷樓圖書股份有限公司
　　　　　臺北市羅斯福路二段 41 號 6 樓之 3
　　　　　電話 (02)23216565
　　　　　傳真 (02)23218698
　　　　　電郵 SERVICE@WANJUAN.COM.TW
香港經銷　香港聯合書刊物流有限公司
　　　　　電話 (852)21502100
　　　　　傳真 (852)23560735

ISBN 978-626-386-268-5
2025 年 5 月初版
定價：新臺幣 320 元

如何購買本書：

1. 劃撥購書，請透過以下郵政劃撥帳號：
   帳號：15624015
   戶名：萬卷樓圖書股份有限公司
2. 轉帳購書，請透過以下帳戶
   合作金庫銀行　古亭分行
   戶名：萬卷樓圖書股份有限公司
   帳號：0877717092596
3. 網路購書，請透過萬卷樓網站
   網址　WWW.WANJUAN.COM.TW

大量購書，請直接聯繫我們，將有專人為您服務。客服：(02)23216565 分機 610
如有缺頁、破損或裝訂錯誤，請寄回更換
版權所有‧翻印必究
Copyright©2025 by WanJuanLou Books CO., Ltd.
All Rights Reserved　　Printed in Taiwan

國家圖書館出版品預行編目資料

青演先生如是說 / 王大智作. -- 初版 . --
臺北市：萬卷樓圖書股份有限公司, 2025.05
　　面；　　公分. -- (王大智作品集；
9900A08)(青演堂叢稿. 八輯. 隨筆)
ISBN 978-626-386-268-5(平裝)
1.CST: 言論集
　　078　　114004396